... From the Islands

From the Aeolian Islands to Oswego, NY
1880–1920

... Dalle Isole

Dalle Isole Eolie a Oswego, NY
1880-1920

Thomasina A. Larson

. . . From the Islands

Italian translation courtesy of Centro Studi Eoliano

ISBN: 978-0-692-18571-1

Book and cover design by Sarah E. Holroyd (https://sleepingcatbooks.com)

Dedicated to Albert Reitano, from Oswego, who taught me about my Aeolian heritage and to Enrico Reitano, from Lipari, who welcomed me to the land of my fathers.

Dedicato ad Albert Reitano, Oswego, che mi ha insegnato la mia eredità eoliana e ad Enrico Reitano, Lipari, che mi ha accolto nella terra dei miei padri.

Contents

Contents

From Lipari looking out to Salina, Alicudi, and Filicudi

Introduzione

Pronti per una nuova vita
~Sylvia Plath

Era la fine di Marzo, ed era il terzo viaggio che mio marito ed io facevamo alle Isole Eolie. Quella mattina c'era il sole. Il cielo era azzurro, solo qualche nuvola era sparsa qui e là, come un velo delicato. La primavera stava arrivando. La Marina Garibaldi, la via principale di Canneto, aveva l'aria sonnolenta del mattino. I bambini erano a scuola, gli isolani al lavoro, e la maggior parte dei negozi era chiusa, sicuramente in attesa che Aprile, portasse temperature più calde e folle di turisti desiderosi di un po' di sole mediterraneo. Non c'era un'anima sulla spiaggia rocciosa alla ricerca di pezzi di ossidiana, vetrini, ceramica o qualsiasi altro tesoro che il mare può fornire durante l'inverno. I muri color crema del Blu Caffè ci ricordarono che era l'ora della colazione. Situato alla fine della marina, dava l'impressione di avere un piccolo cortile per via delle grosse piante da vaso poste sul marciapiede, a delimitare lo spazio per qualche sedia e qualche tavolo di plastica bianca. All'interno, appoggiato al bancone un signore anziano con un berretto

Introduction

Ready for a new life
⁓Sylvia Plath

It was late March and my husband and I were on our third trip to Lipari, one of the Aeolian Islands. The morning was sunny, and the sky was clear blue. Only a few clouds, like delicate white veils, were scattered here and there. Spring was in the air. Marina Garibaldi, the main street in the village of Canneto, had a sleepy morning feel. Children were in school, locals were at work, and most of the shops were closed, no doubt waiting for April to bring warmer weather and crowds of tourists eager for a bit of Mediterranean sun. Not a soul walked the rocky beach searching for bits of obsidian, sea glass, washed-up pottery, or some other treasure the sea might have yielded over the winter. The butter-yellow walls of the Blu Caffe at the far end of the main street beckoned us to look for a morning coffee. Large potted plants were situated along the sidewalk next to the street, which gave the impression of a tiny courtyard in front of the cafe. Several white plastic outdoor tables and chairs waited for customers. Inside, an elderly man, a bit scruffy with a

3

in testa, un po' trasandato e con dei baffi sale e pepe, parlava fitto fitto col barista e beveva il suo caffè tutto d'un fiato.

Optammo per cappuccino e biscotti piuttosto che l'espresso gradito alla gente del posto. Portandoci il caffè fuori per poter sedere al tavolo, ci meravigliammo ancora una volta della mattinata stupenda, della spiaggia deserta e del Mar Tirreno così calmo e luccicante quel giorno. Sulla spiaggia i pescherecci di varie dimensioni e condizioni attendevano di essere messe in mare dai loro capitani. Terminata la nostra colazione, andammo in spiaggia anche noi a cercare vetrini, souvenir poco costoso ma che avrebbe fatto bella mostra di sé in un vaso di vetro a casa nostra. Qualche ora di relax a Canneto, e poi ci incamminammo nuovamente verso la fermata dell'autobus. Il piccolo autobus dell'isola ci avrebbe riportati a Marina Lunga nel centro di Lipari, a pochi passi dalla casa che mio cugino aveva messo a disposizione per il nostro soggiorno.

Notai che uno dei negozi che prima era chiuso aveva aperto. Si scorgevano all'interno un gruppetto di uomini anziani, che parlavano a voce alta e gesticolavano. Il negozio, con i suoi intonaci malandati ed il pavimento di cemento era vuoto se non per qualche contenitore di metallo e degli scatoloni con dentro dei semi sfusi. Su scaffali di metallo, come in qualsiasi altro negozio di prodotti agricoli, erano esposti dei pacchi colorati di semi. Timidamente entrai e diedi un'occhiata alla mercanzia: piselli, cetrioli, pomodori e ogni varietà di fagioli. I fagioli erano indubbiamente i semi più gettonati: fagioli piatti, fave, fagiolini, fagiolini lunghi e fagioli larghi. Fui attratta da un pacco con una foto di una rosa screziata dall'aspetto esotico e un fagiolo bianco. Decisi di comprarlo per mio zio di Oswego, che ancora curava lo stesso giardino creato da suo padre, immigrato eoliano di Quattropani, un secolo prima. Nonno Reitano aveva sempre voluto tornare alla sua amata isola e non ne ebbe mai l'opportunità. Che gioia sarebbe stata per lui sapere che un giorno, dopo tanti anni, una dei suoi nipoti avrebbe fatto il viaggio di ritorno alla sua madrepatria.

salt and pepper mustache, stood at the bar. Wearing a gray newsboy cap and talking rapidly with the barista, he downed his espresso in one gulp.

We ordered, passing up the espresso favored by locals for cappuccinos and biscotti. Taking our coffee out to sit at a table, we marveled once again at the glorious morning, the quiet beach, and the Tyrrhenian Sea, sparkling and calm today. Fishing boats in various sizes and states of repair waited on the beach for their captains to take them out to sea. When finished with our treat, we walked the beach for an hour, searching for sea glass, an inexpensive souvenir that would look nice displayed in a clear jar on our mantle back home. After a few relaxing hours in Canneto, we retraced our steps to the beginning of the street and located the bus stop. The little local bus would take us back to the Marina Lunga in the town of Lipari, from which it was a short walk to the house my cousin provided for us during our stay.

Before we reached the bus stop I noticed that a door in one of the buildings that had been shut earlier now stood open. Half a dozen older men were gathered inside, voices raised and hands gesturing. The shop, with its drab and cracked plaster walls and concrete floor, was almost empty except for a few metal bins and cardboard boxes full of loose seeds. Wire racks, like those found in any farm store, presented colorful packets of seeds. Timidly, I entered the store and peeked at the offerings: peas, cucumbers, tomatoes, and all sorts of beans. Beans were definitely the most favored seeds: flat beans, fava beans, string beans, extra-long beans, and wide beans. One packet with a photo of an exotic-looking spotted rose-and-white colored bean caught my attention. I decided to buy these beans for my uncle in Oswego, who still planted in the garden started a century earlier by his father, an Aeolian immigrant from Quattropani. Grandpa Reitano always longed to return to his beloved island, but never had the opportunity. He would be so pleased to know that one day, many years after leaving his beautiful island, one of his grandchildren made the journey back to his homeland.

Presi il pacco di semi di fagioli, e, nel mio italiano stentato, ne chiesi il prezzo. I semi, il mio piccolo tesoro, costavano pochi spicci e li misi in borsa.

Quando ebbi finito di pagare il negoziante mi chiese, *"Sei della Germania?"* Mio marito è alto, biondo e con gli occhi azzurri ed anch'io sono alta - indizi che lo avevano portato a questa conclusione. In questo periodo dell'anno erano in maggior parte tedeschi quei pochi turisti che visitavano l'isola. Li avevo visti io stessa, così organizzati con i loro orari degli autobus, le loro mappe, i loro zaini robusti ed i sandali indossati con i calzini.

"No, di New York. Mio nonno è nato a Quattropani"

"Ah, tutti i nipoti vogliono tornare a Lipari adesso!"

Sorrisi a questa sua osservazione e annuì. Sì, era vero. Noi "nipoti" avevamo tanta voglia di esplorare queste meravigliose, piccole isole. Volevamo contemplare la loro bellezza ma anche scoprire le nostre radici. Avevo letto in un libro qualche anno prima che gli italiani trovavano strano il fatto che americani e australiani fossero alla ricerca delle loro famiglie. Nelle loro isole, le famiglie li circondano, vivono nelle loro stesse case e negli stessi paesini, sono sepolti negli stessi cimiteri, da secoli.

Noi, i nipoti di quei primi immigrati, siamo impegnati a riscoprire le nostre radici italiane. Usiamo internet per imparare il passato e parlare con i nostri cugini in giro per il mondo. Visitiamo i cimiteri, raccogliendo cognomi, cercando di ricordare i racconti che abbiamo ascoltato in modo distratto da piccoli. Esaminiamo vecchie foto trovate in soffitta, nei cassetti dei comò, ed in scatole di cartone. Le foto sono spesso conservate alla rinfusa, prive di nomi e date, oppure sono state appiccicate con amore in quegli album dalle pagine nere che tanto andavano di moda una volta.

Abbiamo degli splendidi ricordi di domeniche e cenoni a casa della nonna. Un piatto di pasta con una salsa rossa era una prerogativa. Il menù tipico comprendeva carne o pesce, verdure fresche, spesso dell'orto, ed un dolce fatto in casa con amore. Noi eravamo i bambini che mangiavano lasagne per il Giorno del Ringraziamento come accom-

I picked up the bean seed packet, and with my limited knowledge of the Italian language, I asked the price: *"Quanto costa?"* The seeds, a little treasure, were only a few pennies and I tucked them in my carry bag.

As we finished the exchange, the seller asked me, *"Sei dalla Germania?"* [Are you from Germany?] My husband is tall and fair with blue eyes and I am also tall, so this was an easy assumption for him to make. At that time of year, it was mostly Germans who visited the Islands. I had seen them myself, so organized with their bus schedules, maps, sturdy backpacks, and sandals worn with socks.

"No, di New York. Mio nonno e nato a Quattropani." [My grandfather was born in Quattropani.]

"Ah, tutti I nipoti vogliono tomare in Lipari addesso!" [Ah, all the grandchildren want to come back to Lipari now!]

I grinned at his observation and nodded. Yes, this was very true. We *nipoti* were eager to explore these lovely little islands. We wanted to take in their beauty and also discover our ancestral roots. I had read in a book a few years earlier that Italians found it strange that Americans and Australians were looking for their families. In the Islands, families surround them, living in the same homes and in the same villages, and buried in the same cemeteries as they had done for centuries.

We, the grandchildren of those early immigrants, are now very busy discovering our Italian roots. We use the Internet to learn about the past and to connect with cousins around the world. We visit cemeteries, gathering surnames, trying to recall the stories that we paid little attention to when we were young. We examine old photos found in attics, dresser drawers, and cardboard boxes. The photos are often loose, without names or dates, or they have been lovingly pasted in those once popular albums with black pages.

We have wonderful memories of Sunday and holiday dinners at *Nonna's* house. Some variety of pasta with red sauce was a prerequisite. Meat or fish, fresh vegetables—often from the garden—and a *dolce* home-baked with love were standard fare. We were the kids who ate lasagna at Thanksgiving along with the turkey and *braciole* at

pagnamento del tacchino e braciole a Pasqua insieme al tradizionale prosciutto. Noi mangiavamo tante cose buone che i nostri amici non conoscevano nemmeno: parmigiana di melanzane, calamari fritti o alla griglia, *gigi*, *sfinci*, biscotti all'anice, frittelle di fiori di zucca e gnocchi. Quegli eoliani che arrivarono in America tra il 1880 e il 1920 erano fieri della loro cultura, ma trovarono al tempo stesso molti modi di scrollarsi di dosso la loro "italianità". Non è vero che i nomi venivano storpiati dagli ufficiali a Ellis Island. I nomi degli emigrati erano scritti sui documenti nel porto di partenza. Ma, quando arrivavano in America, a volte erano gli immigrati stessi a cambiare lo *spelling* dei loro nomi, in maniera permanente o temporanea. Reitano a volte diventava *Rose* o *Rice*. Falanga poteva diventare *Flang*. Famularo veniva trasformato in *Famalaro*, *Familo* o persino *Adams*. LoSchiavo diventava *Loschiavo*. Natoli si poteva scrivere *Natole* oppure *Natale*, e Paeno si poteva scrivere *Paino*. Spesso i nomi perdevano l'apostrofo. *Dalia* o *Daley* sostituiva D'Alia e *Damico* D'Amico. Nella maggior parte dei casi i nomi non venivano cambiati ufficialmente, perché non era necessario. Tuttavia la famiglia Rodiquenzi pubblicò un annuncio sull'*Oswego Palladium* il 1 Agosto 1941 nel quale dichiaravano che il richiedente, Bartolo Rodiquenzi, avrebbe da quel momento in poi preso il nome di Bartolo Regan.

Spesso i nuovi immigrati italiani venivano presi in giro perché mangiavano la pasta con tutto. Mangiavano pasta con il cavolfiore, pasta con i fagioli, pasta col pollo, pasta con le zucchine, pasta con le melanzane. Mangiavano pizza, fagioli e verdure. Oggi sono i piatti più gettonati nei ristoranti italiani, ma allora, quando gli immigrati erano appena arrivati, questi cibi segnavano la loro diversità. I loro figli, la prima generazione nata in America, volevano essere americani. Volevano essere accettati dalla società, andare a scuola, vestirsi come gli altri bambini, e parlare inglese. Guardavano avanti a tutto ciò che l'America poteva offrirgli, e non indietro a ciò che i loro genitori si erano lasciati alle spalle. Così mentre noi, nipoti di quegli eoliani, abbiamo appreso le storie e le abitudini dei nostri antenati nei racconti confusi di genitori, zii e cugini, non abbiamo mai conosciuto

Easter along with the ham. We ate a lot of delicious things that none of our friends had ever tasted: eggplant parmesan, fried or grilled calamari, *gigi, sfinci,* anise cookies, fried stuffed squash blossoms, gnocchi.

Those Aeolian Islanders—the *Eoliani*—who came to American shores between 1880 and 1920 were proud of their heritage, but they also found ways to shrug off some of their Italian-ness. It is not true that names were changed by officials at Ellis Island. Emigrant names were written down on documents at the port of departure. But upon arriving in America, sometimes the immigrants themselves changed the spellings of their names, either temporarily or permanently. Reitano might become Rose or Rice. Falanga sometimes became Flang. Famularo was changed to Famalaro, Familo, or even Adams. LoSchiavo became Loschiavo. Natoli might be spelled Natole or Natale, and Paeno could be written as Paino. Often names dropped the apostrophe. D'Alia became Dalia or Daley and D'Amico became Damico. For the most part, the names were never legally changed, as this was not necessary. But the Rodiquenzi family posted an announcement in the *Oswego Palladium* on August 1, 1941, stating the petitioner, Bartolo Rodiquenzi, would henceforth be known as Bartolo Regan.

New Italian immigrants were often ridiculed for eating pasta with everything. They ate pasta with cauliflower, pasta with beans, pasta with chicken, pasta with zucchini, pasta with eggplant. They ate pizza, beans, and greens. Today these are favorite dishes served in most Italian restaurants, but back when the immigrants were fresh off the boat these foods were one of the many marks of their difference. The children of these early immigrants, the first generation born in America, wanted to be Americans. They wanted to fit in socially, to go to school, to dress like other kids, and to speak English. They looked ahead to all that America could offer, not back to the land their parents had left behind. And so, while we, the grandchildren of these Eoliani, have learned about our ancestors and their ways secondhand from stories told in bits and pieces by our parents, aunts, uncles, and cousins, we never heard the whole

quel che avevano lasciato e sopportato per poter mettere le loro radici in America.

Molto si è scritto dell'esperienza degli immigrati italiani. La prima emigrazione dal nord Italia fu un'esperienza a volte diversa rispetto a quella degli immigrati del sud e degli eoliani. Mentre i primi trovarono il coraggio di lasciare tutto ciò che conoscevano per una nuova vita che potevano solo immaginare, gli italiani del sud erano poverissimi e spesso il loro destino era un viaggio in stiva. La posta in gioco era alta. Si facevano grandi sacrifici. Le gioie erano temperate da lotte e discriminazioni. Non tutti gli immigrati si trovarono bene e alcuni tornarono indietro. Ma la maggior parte rimase e iniziò per loro una nuova vita a Manhattan e Jersey City. Se molti di loro rimasero nelle grandi città per settimane, mesi o addirittura anni, altri si stabilirono quasi subito nei piccoli centri dello stato di New York.

Nel Marzo dell'anno successivo tornai a Lipari. É difficile starne lontana. In una delle stradine strette, notai una piccola vetrina dove erano esposti diversi libri sulle isole, ma uno, intitolato *Quattropani l'isola dentro l'isola*, mi colpì particolarmente. Dovevo a tutti i costi avere questo libro che parlava del paesino della mia famiglia. Mi dissero in libreria che era disponibile solo dal *Centro Studi Eoliano*. Non ci volle molto a trovare questo posto, ma era chiuso e non c'erano gli orari di apertura. Delusa, tornai a casa.

Al mio rientro a Oswego, trovai su Internet l'indirizzo di cui avevo bisogno, e scrissi chiedendo di questo libro. Parecchi mesi dopo ricevetti un pacco contenente quello ed altri volumi speditimi da Nino Paino. Mi chiedeva di scrivere qualcosa sugli emigrati eoliani che si stabilirono a Oswego. Non credevo di poterlo fare: non conoscevo molto delle vite di quelle persone vissute cent'anni fa. Ma, alla fine, decisi di ricomporre la storia dei primi immigrati eoliani di Oswego, cittadina al centro dello stato di New York, tra il 1880 e il 1920.

story of what our ancestors gave up and endured to establish roots in America.

Much has been written about the Italian immigrant experience. The initial emigration of the mainland, or northern Italians, and the emigration of the southern Italians and the Eoliani is sometimes a different story. While all of these men and women summoned the courage to leave all that was known, all that was home, for a new life they could only imagine, the southern Italians were dirt poor and passage in steerage was usually their fate. The stakes were high. Great sacrifices were made. Joys were tempered by struggles and discrimination. Not all of the immigrants were happy and some returned home. But most Italians stayed and began their new lives in Manhattan and in Jersey City. While a large number of them remained in the big city for weeks, months, or years, others left almost immediately for little cities and towns scattered around New York State.

The following March, I returned to Lipari. This would be my fourth visit. Once you've been there, seen the beauty, experienced the love of family, it's hard to stay away. Along one of the narrow little streets, I noticed a small glass showcase embedded in a wall. The showcase contained a number of books about the Islands. One entitled *Quattropani l'isola dentro l'sola* caught my attention. I had to have this book about my family's ancestral village. I learned in La Stampa, the bookstore, it was only available through the Centro Studi Eoliano. It wasn't long before I found this place, but the door was closed with no information posted about the hours it would be open. I went home sorry I didn't have a copy of the book.

Upon my return to Oswego, the Internet provided me with the address I needed, and I wrote requesting the book. Several months later I received that book, along with others, from Nino Paino. He asked if I might consider writing about the emigrants from the Islands who went to Oswego. I didn't think this was something I could do; I didn't know very much about the lives of these people who had lived one hundred years earlier. But eventually, I decided to try to put together the story of this early wave of Aeolian immigrants who made their way to the small city of Oswego in Central New York between 1880 and 1920.

1. Le Isole Eolie

I giorni e le notti passarono
e l'estate e l'inverno
e la pioggia.
Ed era bello essere una piccola isola.
Una parte del mondo
ed un piccolo mondo
circondato dal mare azzurro.
⁓Margaret Wise Brown, *The Little Island*

Anche se tutti conoscono la Sicilia, in pochi invece hanno sentito parlare di quell'angolo di Sicilia chiamato Isole Eolie. Le isole sono citate nella mitologia Greca e Romana, e viene a loro dedicata qualche pagina nei libri di viaggio del passato. Un libro intitolato *Travels Through Sicily and the Lipari Islands in the Month of December 1814*, descrive le isole, illuminate dai raggi dorati dell'aurora, come superiori per diversità e bellezza a qualsiasi altro luogo del mondo conosciuto.

La maggior parte dei volumi sulla storia della Sicilia non racconta la storia di questo piccolo arcipelago vulcanico. Un filo di minuscole

1. The Aeolian Islands

Nights and days came and passed
And summer and winter
and the rain.
And it was good to be a little Island.
A part of the world
and a world of its own
All surrounded by the bright blue sea.
~Margaret Wise Brown, *The Little Island*

Although everyone knows of Sicily, hardly anyone has heard of the little bit of Sicily known as the Aeolian Islands, or *Isole Eolie*. The Islands get a mention here and there in Greek and Roman mythology, and occasionally a few pages are devoted to them in travel guides. A book called *Travels Through Sicily and the Lipari Islands, in the Month of December 1814*, states this about the Islands:

> . . . if illuminated at the time by the radiance of Aurora's golden beams, far exceeds in beauty, diversity of objects, brilliance, and sublimity, any similar picture in the known world.

perle nel Mar Tirreno, le isole sono situate a nord della provincia di Messina. Le sette isole maggiori sono abitate: Lipari, Stromboli, Salina, Vulcano, Filicudi, Alicudi e Panarea. Ci sono poi degli isolotti disabitati al largo di Panarea: Basiluzzo, Dattilo, Lisca Nera, Bottaro e Lisca Bianca. Tutte sono di origine vulcanica, ma ogni isola ha un'atmosfera ed una identità uniche. Tutte sono praticamente inaccessibili dalla costa occidentale.

Chi le visita è colpito dalle infinite sfumature del mare che le circonda, dal blu ceruleo delle acque più profonde al turchese cristallino in prossimità della costa. Abbondano in queste acque anemoni, spugne, alghe, meduse, crostacei. Le Isole Eolie sono considerate dall'UNESCO patrimonio dell'umanità per i loro vulcani. É importante limitare lo sviluppo edilizio per preservarne storia e bellezza naturale.

Le Eolie sono antichissime. Sono state chiamate "le sette sorelle" e "le figlie del fuoco". La loro ricchissima storia inizia con la nascita dei loro vulcani migliaia di anni fa. Il movimento di placche tettoniche tra Africa ed Europa provocò diverse, potentissime eruzioni sottomarine. La prima isola a formarsi fu Panarea, seguita da Filicudi, Alicudi, Salina, Lipari, Vulcano ed infine Stromboli. Ancora oggi, le isole sono uno dei siti più importanti al mondo per quanto riguarda lo studio della vulcanologia

La pomice, una polvere bianca derivata dalla roccia vulcanica, è stata esportata sin dai tempi dei Romani. Fu usata nell'edilizia, ad esempio per la costruzione del Pantheon, e, in tempi più recenti, per la preparazione di blocchi di cemento, vernici, cosmetici, saponi per le mani e per il filtraggio dell'acqua. Un altro importante prodotto di esportazione è stata l'ossidiana, derivata a sua volta dalla lava. Questa roccia nera, vitrea, veniva utilizzata dai primi abitanti per la creazione di utensili, lame e ceramiche. Oggi è usata per la creazione di gioielli, in vendita nei numerosi negozi presenti sulla via principale a Lipari.

Archeologi e Antropologi hanno studiato la storia delle Isole Eolie, che risale al Neolitico. Benché le isole siano separate dalla Sicilia e

Most books written about Sicily's history rarely include the story of these little volcanic islands. A string of tiny jewels in the Tyrrhenian Sea, they sit just north of the port of Milazzo on the northeastern end of Sicily and are a *comune* (municipality) in the province of Messina. The seven largest islands are inhabited: Lipari, Stromboli, Salina, Vulcano, Filicudi, Alicudi, and Panarea. There are also five very small uninhabited islets near Panarea: Basiluzzo, Dattilo, Lisca Nera, Bottaro, and Lisca Bianca. While all were formed by volcanic activity, each island has a unique look and feel. All of the Islands are steep and almost inaccessible on the western sides.

The visitor to any of the Islands is struck by the countless shades of blue of the surrounding sea, which range from cerulean in the deep waters to a light crystalline turquoise nearer the shore. An abundance of anemones, sponges, seaweed, jellyfish, shellfish, crustaceans, and many varieties of fish live in these waters. UNESCO considers the Aeolian Islands a World Heritage Site because of the history of volcanic island building and the ongoing volcanic activity. An effort to restrict development is important to preserving the natural beauty and history if the Islands.

The Aeolian Islands are very old. They have been called "the seven sisters" and "the daughters of fire." Their rich history begins with the volcano building thousands of years ago. The movement of tectonic plates between Africa and Europe caused several powerful underwater eruptions. The first island formed was Panarea, followed by Filicudi, Alicudi, Salina, Lipari, Vulcano, and finally Stromboli. The Islands are one of the most important areas in the world for the study for volcanological research.

Pumice, a white and light-weight porous stone formed from volcanic ash, has been exported from the Islands since Roman times. It has been used in the construction of buildings, such as the Pantheon, and in modern times for making cinder blocks, polishes, cosmetics, hand cleaners, and as a water filtration media. Obsidian, formed from volcanic lava, has been another important export. The black glass-like rock was highly prized by early inhabitants for making utensils, blades, and

dall'Italia dal Mar Tirreno non sono mai state isolate. A partire dal 4000 a.c. circa, furono in varie occasioni visitate, invase, conquistate ed abitate da barbari, soldati, marinai, commercianti e pirati. Alcuni di questi occupanti portarono anni di pace e prosperità, altri vi arrivarono per saccheggiare e schiavizzare. Gli Etruschi attaccarono, i Greci ed i Romani colonizzarono. Gli Arabi portarono la distruzione, ma condivisero la loro cultura ed il loro meraviglioso cibo, i quali sono rimasti nella cucina eoliana. I Normanni portarono alle isole anni di pace, prosperità e stabilità.

Un breve sguardo alla loro storia mostra che intorno al dodicesimo secolo, vennero inviati da Re Ruggero di Sicilia dei monaci benedettini per contribuire allo sviluppo di Lipari. L'agricoltura si diffuse anche a Salina ed alle altre isole. I monaci costruirono a Lipari una cattedrale dedicata a San Bartolomeo. Questa cattedrale è tuttora in uso e San Bartolomeo divenne il santo patrono dell'arcipelago.

Intorno al 1330 arrivarono i francesi, ma nei primi anni del 1500 pirati turchi guidati da Barbarossa nuovamente saccheggiarono e distrussero. In seguito Lipari accolse siciliani, calabresi e spagnoli. Nel 1693 gran parte della Sicilia orientale fu distrutta da un violento terremoto. Gli eoliani si affidarono con le loro preghiere a San Bartolomeo affinché li salvasse, ed in effetti non ci furono morti tra loro. L'economia, l'agricoltura e la pesca pian piano iniziarono a svilupparsi. I francesi rimasero fino a quando le isole non entrarono a far parte del Regno delle Due Sicilie, risultato dell'unione tra il Regno di Sicilia e il Regno di Napoli nel 1816. In questo periodo un gruppo di isolani e spagnoli cacciarono i francesi. Il dominio del re borbonico Re Carlo III nel diciottesimo secolo, portò stabilità politica, scienze, arti e cultura. La fortuna girò ancora una volta, quando Vulcano divenne una colonia dove i prigionieri erano costretti a lavorare nelle miniere di zolfo e allume. L'estrazione dello zolfo continuò fino alla fine del diciannovesimo secolo. Oggi la popolazione delle Isole Eolie è di circa 10.000 abitanti, di razze e culture diverse.

pottery. It is still used in making jewelry, which is sold in the numerous shops along Lipari's main street, Via Vittorio Emanuel.

Archaeologists and anthropologists have studied the history of the Aeolian Islands, which dates back to Neolithic times. Even though the Islands are separated from Sicily and mainland Italy by the Tyrrhenian Sea, they have never been totally isolated. Beginning about 4000 B.C., the Islands were at various times visited, invaded, conquered, and settled by a series of barbarians, soldiers, sailors, traders, and pirates. Some of the occupiers brought years of peace and prosperity; others were there to plunder and enslave. The Etruscans attacked; the Greeks and Romans colonized. Arabs brought destruction, but also shared their culture and wonderful foods, which remain a part of Aeolian cuisine today. The Normans brought years of peace, prosperity, and stability to the Islands.

A brief look at history shows that around the 12th century, Benedictine monks were sent by King Roger of Sicily to help develop Lipari. Agriculture spread to Salina and other islands. The monks built a cathedral dedicated to Saint Bartholomew on Lipari. This cathedral is still in use and San Bartolomeo became the patron saint of the Islands.

By the late 1330s, the Islands profited from visits by the French fleet. Around 1500, the Islands were sent back into turmoil when Turkish ships led by Barbarossa laid siege to Lipari. Later, people from Sicily, Calabria, and Spain migrated to Lipari. In 1693, a huge earthquake destroyed much of eastern Sicily. The Eoliani prayed to San Bartolomeo to save them and the Islands were spared loss of life. The economy, agriculture, and fishing slowly began to improve. The French remained until the Islands became part of the Kingdom of the Two Sicilies, when the Kingdom of Sicily and the Kingdom of Naples merged in 1816. At this time, some islanders and the Spanish forced the French out. The rule of the Bourbon King Charles III, in the 18th century, brought political stability, science, arts, and culture to the Islands. Fortunes turned again when Vulcano became a prison island where captives were forced to mine for sulfur and alum. Mining of sulfur continued until the end

Si pensa che le Eolie abbiano avuto un piccolo ruolo nella mitologia Greca e Romana. Oggi, i resti delle occupazioni greca e romana sono ben visibili nell'arcipelago. Il Museo Archeologico, vicino alla Cattedrale sull'isola di Lipari, è uno dei migliori musei archeologici del Mediterraneo. La sua collezione di artefatti preistorici, ceramiche, urne e gioielli del periodo classico Greco e Romano, oggetti casalinghi e reperti provenienti dalle stive delle navi naufragate è degna di un grande museo di Londra o Roma. Un'area del museo è dedicata allo studio dei vulcani. Un Parco Archeologico ospita vecchie tombe greche e romane. L'acropoli greca rappresenta il ricordo di un passato lontano, ma è usata ancora oggi per rappresentazioni teatrali locali. Il cosiddetto "castello" è in realtà una fortezza costruita circa quattrocento anni fa per difendersi dagli attacchi provenienti dal mare. I cittadini di Lipari hanno vissuto dentro le mura del *Castello* per secoli, e qualcuno ci vive ancora adesso, benché l'intera area sia aperta ai visitatori.

É importante ricordare che ognuna di queste isole ha le sue proprie caratteristiche. Lipari è l'isola più grande e popolata. É l'unica ad avere una piccola area urbana: una cittadina che porta anch'essa il nome di Lipari. Una varietà di negozi soddisfa i bisogni degli isolani. Cibo, casalinghi e abbigliamento si possono trovare anche nel locale supermercato. Dolce &Gabbana, Prada, TAG Heuer, Guess, Gucci e Tommy Hilfiger sono solo alcuni dei marchi di lusso che invece soddisfano la voglia di shopping dei turisti, uomini d'affari e occasionalmente membri di famiglie reali che visitano l'isola. Negozi di souvenir offrono magneti, magliette, cappelli, strofinacci, libri, mappe, ceramiche, gioielli e portachiavi, oltre alla Malvasia, il vino prodotto localmente. Bar, trattorie, panetterie, una biblioteca, una libreria, farmacie, un ufficio postale e altri servizi si trovano tutti sulla via principale, il Corso Vittorio Emanuele. Molti ristoranti servono ciò che il mare offre di fresco ogni giorno, le verdure coltivate sull'isola e i capperi. Qualche altro ristorante o negozio si possono trovare anche altrove, in particolare a Canneto, la seconda area più popolata di Lipari.

of the 19th century. Today the population of the Aeolian Islands is about 10,000 and their heritage is a mixture of many races and cultures.

The Aeolian Islands are thought to have played a small part in Greek and Roman mythology. Today, remains of the Greek and Roman occupations can be seen on the Islands. The Museo Archeologico Regionale Eoliano (Aeolian Regional Archaeological Park) near the *Cattedrale di San Bartolomeo* on the island of Lipari, is one of the best archaeological museums in the Mediterranean. Its collection of prehistoric artifacts, classical Greek and Roman pottery, masks, urns, jewelry, household objects, and relics from shipwrecks is worthy of being housed in a great museum in London or Rome. One area of the museum is dedicated to the study of volcanoes. Il Parco di Diana (an archaeological park) contains Roman tombs and Greek ruins. While the Greek acropolis is a reminder of the distant past, it is used today for local theater productions. The so- called castle is actually a fortress built some 4,000 years ago as a defense from attacks by sea. Citizens of Lipari have lived within the *Castello* walls for centuries, and a few people still live there, although the whole area is accessible to visit.

It is important to remember that each of the islands has its own special characteristics. Lipari is the largest and most populated island. It is the only island with a small, urbanized area: a town also called Lipari. A variety of shops in the town cater to locals. Food, home goods, and clothing can be found in the local supermarket. Dolce & Gabanna, Prada, TAG Heuer, Guess, Gucci, and Tommy Hilfiger are representative of the high-end companies devoted to the tourists, businessmen, and occasional royalty who visit the island. Smaller touristy shops offer magnets, tee shirts, caps, dishtowels, books, maps, pottery, jewelry, and keychains, along with Malvasia, the locally made wine. Cafe bars, trattorias, bakeries, a library, bookstore, pharmacy, post office, and other services line Corso Vittorio Emanuele. Many restaurants specialize in fresh seafood and take advantage of locally grown produce and capers. A few other restaurants and small shops are scattered around the island, most notably in Canneto, Lipari's second largest populated area.

Le case a Lipari variano dalle grandi case del centro e dalle ville bianche con splendide viste sul mare alle abitazioni tradizionali, di forma cubica, costruite con la pietra locale. Spesso i muri vengono pitturati con colori sgargianti, riflettendo l'influenza spagnola, o in delicati toni pastello. I balconi e i vicoli sono abbelliti con piante da vaso. Le porte e le case sono decorate con mattonelle di ceramica colorate recanti i nomi e gli indirizzi.

I due porti di Lipari soddisfano bisogni diversi. Marina Corta è piccola e affascinante, spesso vi si tengono concerti o processioni religiose durante le feste. I pescatori usano questo porto regolarmente: aggiustano le reti, scaricano il pescato del giorno, si aggiornano sulle ultime notizie e guardano i turisti. Diversi bar offrono caffè, vino, birra, gelato, bibite e spuntini leggeri. I tavoli e le sedie sono sistemati sotto enormi ombrelloni per ripararsi dal sole di mezzogiorno. Marina Lunga è il porto più grande, commerciale, dove attraccano i traghetti e gli aliscafi. Rappresenta il collegamento dell'isola con il mondo esterno. I traghetti giornalieri portano gli isolani a lavoro, ai loro appuntamenti, ai negozi e a mangiare fuori a Milazzo e dintorni. Quando le condizioni del mare sono cattive il porto rimane chiuso.

L'ultima eruzione vulcanica a Lipari risale a più di 1200 anni fa, anche se piccole fumarole e sorgenti d'acqua calda ci ricordano che Vulcano sta solo dormendo sotto la superficie. La maggior parte degli eoliani che emigrarono in America e si stabilirono a Oswego un tempo chiamavano Lipari la loro casa.

Molti arrivarono a Oswego da Stromboli, un nome che molti Americani potrebbero riconoscere. L'isola infatti fu protagonista del film omonimo con Ingrid Bergman nel 1950. Alla fine del *Viaggio al Centro della Terra* di Jules Verne, il professore, Axel e la loro guida, Hans, emergono dal cratere di un vulcano sull'isola di Stromboli. Negli States tuttavia l'uso più conosciuto del termine Stromboli è per un panino in stile italiano, probabilmente originario di Philadelphia, fatto con pane italiano, mozzarella, salame, capocollo e verdure.

The houses on Lipari range from large townhouses and white-washed villas with splendid sea views to the traditional dwellings, which are cubical and made from local stone. These are often painted in bright colors, reflecting the Spanish influence, or soft pastels. Pots of flowers line balconies and sidewalks along the narrow, cobbled streets. Multicolored ceramic name and address plates decorate doors and houses.

The two ports on Lipari serve different needs. Marina Corta is small and charming, and often the site of holiday gatherings, parades, concerts, and festivals in the summer. Local fishermen use this port daily, mending nets, offloading the catch of the day, hearing about the latest island news, and watching the tourists. Several cafes offer espresso, wine, beer, ice cream, soft drinks, and light snacks. Tables and chairs are situated under oversized umbrellas to block the midday sun.

Marina Lunga is the larger working port where the ferries, ships, and hydrofoils dock. Marina Lunga is the island's connection to the outside world. Daily ferries take islanders to work, to appointments, to shop, and to dine out in Milazzo and beyond. In times of rough seas, the port is closed, stranding islanders and tourists alike on Lipari or in Milazzo, sometimes for several days.

The last volcanic eruption on Lipari was over 1,200 years ago, although small fumaroles and hot springs remind us that the volcano is just sleeping beneath the surface. Most of the Eoliani who immigrated to America and settled in Oswego once called Lipari home.

A fair number of people also immigrated to Oswego from Stromboli, a name Americans might recognize. This island was featured in the 1950 classic movie *Stromboli*, starring Ingrid Bergman. At the end of Jules Verne's *Journey to the Center of the Earth*, the professor, Harry, and their guide, Hans, emerge from a crater in a volcano on the island of Stromboli. The most notable use of the term Stromboli relates to an Italian style sandwich, thought to have been developed in Philadelphia. It is made with Italian bread dough and typically filled with mozzarella cheese, salami, capicola, and vegetables.

L'isola di Stromboli vanta uno dei tre vulcani attivi in Italia (gli altri sono l'Etna in Sicilia ed il Vesuvio vicino Napoli) con piccole eruzioni giornaliere. Per molti anni Stromboli fungeva da faro e barometro per i marinai. I suoi fuochi erano per loro una guida e potevano prevedere la direzione del vento dai cambiamenti di direzione del fumo proveniente dal vulcano. Per queste ragioni, l'isola è soprannominata il Faro del Mediterraneo. Stromboli ha circa seicento abitanti, divisi tra i due piccoli centri di Stromboli e Ginostra. Cent'anni fa la pesca e l'agricoltura erano importanti per la vita dell'isola. Oggi, il turismo è la fonte primaria di sostentamento, con migliaia di visitatori che la invadono in estate, sperando di vedere una grande eruzione vulcanica. Ci si può spostare solamente a piedi o in motorino. Di sera non ci sono lampioni, il che favorisce lo spettacolo del vulcano.

Anche la verde Salina ha mandato alcuni dei suoi abitanti a Oswego. Salina produce capperi, olive, uva e uva passa. La Malvasia, prodotta da secoli, sta diventando nuovamente popolare. In una buona annata, a Salina si producono milioni di capperi, che vengono utilizzati in molti piatti della cucina locale, dal pesto alla pizza, dalle salse ai piatti a base di pesce. A differenza dei capperi prodotti altrove, conservati in salamoia, questi sono conservati sotto sale, che in passato veniva preso dal piccolo laghetto salato dell'isola. I capperi di salina sono pregiati ed esportati in tutto il mondo.

Salina ha una gran varietà di aree naturali, ricche di vegetazione. Due montagne gemelle, vulcani inattivi, sono popolari per il trekking. Il film *Il Postino* del 1995, che ebbe un successo internazionale, fu girato a Salina. La popolazione è di circa 2.500 persone, fuori stagione le strade sono silenziose; molti dei negozi e dei ristoranti rimangono chiusi. Salina torna a vivere quando arrivano i turisti da Aprile a Settembre. Benché le spiagge siano rocciose, il mare è cristallino. Vi è anche un piccolo museo dedicato all'emigrazione degli eoliani che andarono in gran parte negli Stati Uniti, in Australia e in Argentina.

Vulcano è la terza isola più grande, e la più vicina alla Sicilia. Ha un vulcano attivo, la cui ultima eruzione risale al 1888, durata due anni.

The island of Stromboli boasts one of the three active Italian volcanoes (the others being Etna in Sicily and Vesuvius near Naples), which has small, daily eruptions. For many years sailors used Stromboli as a lighthouse and barometer. Its fire was a guiding light, and they could also predict changes in wind and weather by detecting differences in the plume of smoke from the volcano. For these reasons, the island has been nicknamed the Lighthouse of the Mediterranean. Stromboli has about 600 inhabitants in its two small villages of Stromboli and Ginostra. A hundred years ago fishing and some agriculture were important to life on the island. Today, tourism is the primary source of income, with many thousands of visitors invading in the summer, all hoping to see a big volcanic eruption. Walking or motor biking are the only ways to get around. After dark, there are no streetlights, which is all the better to see the volcano's show.

The greenest island, Salina, also sent some of her people to Oswego. Salina produces olives, capers, grapes, and raisins. Malvasia wine, made here for centuries, is becoming quite popular once again. Salina harvests a million pounds of capers in a good year. Capers are used in many local dishes from pesto to pizza, and from sauces to seafood. Unlike capers grown elsewhere, which are soaked in brine, Salina's capers have been historically preserved in salt, originally taken from the small salt lake on the island. Salina's capers are highly prized and are exported around the world.

Salina has a great variety of unspoiled areas rich with a variety of vegetation. Twin inactive volcanoes are popular for hiking. The 1995 international film *Il Postino* was set on Salina. With a population of about 2,500, the streets are quiet in the off-season; many of the shops and restaurants remain closed. Salina comes to life when the tourists arrive from April to September. Although the beaches are rocky, the water is crystal clear. Salina is the site of a small museum devoted to the emigration of Eoliani, who mainly went to the United States, Australia, and Argentina.

Vulcano is the third largest island and the closest to Sicily. It has one active volcano, which last erupted in 1888. That eruption lasted for

Con un centro abitato vicino, è un vulcano pericoloso. Nella mitologia romana era identificato come il camino della forgia del dio Vulcano, ed i terremoti rappresentavano la creazione delle armi del dio Marte. Quando si arriva con l'aliscafo e si apre il portellone l'olfatto è stravolto dal forte odore di zolfo. Gli abitanti sono solo cinquecento, e pochi alberghi e ristoranti aprono durante i mesi estivi. Le folle di visitatori arrivano attratti non solo dal vulcano, ma anche dalle spiagge, dai fanghi e dalle fumarole di acqua calda.

La remota Filicudi era interamente coltivata, un tempo, ma quando i raccolti iniziarono a scarseggiare, la vita divenne intollerabile e la maggior parte degli abitanti emigrarono in Australia. La bellezza selvaggia dell'isola attrae appassionati di trekking, artisti e amanti della natura. Le molte grotte e rocce che si ergono dal mare cristallino richiamano molti turisti in estate. Il resto dell'anno Filicudi è abbandonata a qualche mulo, qualche capra e poche centinaia di persone, che pescano e coltivano olive, fichi e uva. I capperi crescono selvatici in tutta l'isola, così come il finocchio, la menta e l'origano. La vita a Filicudi scorre lenta e tranquilla.

La minuscola, conica Alicudi ha una popolazione di circa cento persone e gran parte di queste sono imparentate. Il nome Alicudi deriva dalla parola greca Erica: un tipo di felce che cresce sull'isola. L'ultima eruzione vulcanica avvenne intorno a 28.000 anni fa. I pirati invasero spesso Alicudi, costringendo i suoi abitanti a rifugiarsi sui terreni terrazzati in cima al monte. Oggi la maggior parte degli isolani sono pescatori. Gli agricoltori coltivano olive e uva. Non ci sono strade o auto, ci si sposta a piedi mentre muli e asini trasportano viveri e valigie su per gli scalini. Le case sono le tipiche costruzioni cubiche eoliane dipinte di colori pastello o di un bianco brillante. Ci sono pochi alberghi e ristoranti aperti durante i mesi estivi e tutte le spiagge tranne una sono accessibili solo via mare. Le acque che circondano l'isola presentano una serie infinita di sfumature di blu.

Panarea è la più piccola delle sette sorelle, con meno di trecento abitanti. Non ci sono macchine. Le case di un bianco accecante, con le loro bouganville fucsia acceso, si stagliano contro il cielo azzurro

two years. With a village nearby, this has been a dangerous volcano. Roman mythology claims the volcano was the chimney in Vulcan's workshop, with earthquakes signaling the making of weapons for the god Mars. One's sense of smell is assaulted by the strong sulfur odor when the hydrofoil arrives and the doors are opened at Vulcano's port. With about 500 permanent residents there are only a handful of hotels and restaurants open in the summer months. Crowds of visitors are not only drawn to the volcano, but to the beaches, hot springs, and bubbling therapeutic mud baths.

Remote Filicudi was once totally cultivated, but after the crops failed, life became unbearable and most of the inhabitants emigrated to Australia. The island's wild and natural beauty attracts hikers, artists, and nature lovers. The many caves and rocks rising from the pristine waters draw tourists there in mid- to late summer. The rest of the year Filicudi is abandoned to some mules, goats, and a few hundred people, who fish or grow olives, figs, and grapes. Capers grow wild all over the island, as do fennel, mint, and oregano. Life on Filicudi is quiet and slow.

Tiny cone-shaped Alicudi has a population of around 100 people, and most of them are related. The name Alicudi comes from the Greek word *erica*: a kind of heather growing on the island. The last volcanic eruption was about 28,000 years ago. Pirates often invaded Alicudi and the inhabitants had to find refuge on the high terraces. Today, the people of Alicudi are mostly fishermen. The farmers grow olives or grapes. There are no streets or cars on this island. People get around by walking. Mules or donkeys carry goods up the steep, terraced lava steps. Houses are the typical box-shaped Aeolian dwellings painted in pastels or brilliant white. There are only a few hotels and restaurants on the island, only open in summer months. All but one of the beaches is accessible only by boat. The waters surrounding the island are endless shades of crystal blue.

Panarea is the smallest of the seven sisters with fewer than 300 inhabitants. There are no cars on this island. The dazzling white houses, with bright fuchsia-hued bougainvillea cascading from their walls and gates,

e ricordano molto da vicino le isole greche. Il vulcano di Panarea è inattivo. Sull'isola si possono trovare una gran varietà di piante, ma si dice che i suoi habitué siano più interessati alla vita notturna. Di recente Panarea è diventata la meta preferita di ricchi e famosi, membri di famiglie reali, rockstar e altri visitatori che si ritrovano lì in estate per rilassarsi, sfuggire ai paparazzi, esplorare le boutique e godersi le discoteche, i bar e i ristoranti. L'isola ha una delle poche spiagge sabbiose dell'arcipelago.

Mentre la vita sulle isole scorre lenta d'inverno, quando sono popolate solo dagli isolani e da qualche visitatore, in estate si torna a vivere. Ci sono dei panorami mozzafiato e la possibilità di fare le immersioni, di pescare, di fare trekking. Turisti di tutte le età arrivano attirati dalla vita notturna, dalle molte spiagge e dai resort termali mentre molti degli abitanti si ritirano il più possibile nei loro paesini, benché impegnati nell'organizzare le molte feste e attività locali. Una moltitudine di chiese celebrano le loro sagre, come quella di San Giuseppe, di San Bartolomeo e dell'Annunziata a Lipari e la festa di San Pietro a Panarea. Ai primi di Giugno il Salina Isola Show promuove i capperi, l'agricoltura e la pesca locali. Vulcano ospita un Dive Festival, che celebra tutti gli aspetti delle immersioni, dell'archeologia e della fotografia subacquea. La gente si riunisce per processioni, gare e altri eventi. Prima della quaresima, il carnevale raduna a Lipari gli abitanti anche delle altre isole, mentre a Pasqua i locali si vestono eleganti e si riuniscono a Marina Corta per la processione di Gesù e Maria, ascoltando la banda e godendosi uno spettacolo di fuochi d'artificio. Una compagnia teatrale amatoriale, *Piccolo Borgo Antico*, produce varie rappresentazioni. Il Centro Studi Eoliano promuove la cultura locale attraverso eventi quali festival cinematografici, presentazione di libri, rassegne di poesie e musica.

Le Isole Eolie hanno attratto gente di culture diverse in passato, e oggi, ancora una volta, le isole fanno da magnete per visitatori, avventurieri e coloro che sono alla ricerca delle loro radici. Ma la vita sulle isole non è sempre stata così idilliaca, come dimostra l'esodo di massa

are set against an endless blue sky, and very reminiscent of the Greek islands. Panarea's volcano is inactive. A great variety of plant life can be found on the island, which is said to be popular with enthusiasts of wild life and nightlife. Recently, Panarea has been noted for the rich and famous, royalty, rock stars, and other visitors who gather there in the summer to relax, escape the paparazzi, explore the shops, and enjoy the discos, restaurants, and bars. Panarea has one of the few sandy beaches in the Islands.

While life is slower on the Islands in the winter months, with only the local people and a few visitors, the Islands come alive in the summer. There are breathtaking views and excellent opportunities for diving, fishing, and hiking. A robust nightlife with many beautiful beaches and thermal resorts attract all ages. Many Islanders remain in their remote villages away from the crowds as much as possible during the tourist season. Local village activities keep them busy though. A multitude of churches mean there are dozens of festivals, or *festas*, such as the Festa di San Giuseppe, Festa di San Bartolomeo, and Festa dell'Annunziata on Lipari and Festa di San Pietro on Panarea. In early June, the Salina Isola Slow festival features capers and promotes local agriculture and fishing. Vulcano has a Dive festival showcasing all aspects of diving, underwater archaeology, and photography. Parades, pageants, races, and other events draw the people together. Carnevale before the season of Lent draws people from all the Islands together on Lipari. At Pasqua, or Easter, Lipari locals dress up and gather at Marina Corta to view a procession of life-sized statues of the Madonna and Jesus, listen to the music of local bands, and enjoy a night of fireworks. La Compagnia Teatrale—Piccolo Borgo Antico, an amateur theater group, presents a variety of productions. The Center for Aeolian Studies promotes cultural history through events such as film festivals, book reviews, poetry readings, and music.

The Aeolian Islands attracted people from many cultures in the past, and today, once again, the Islands are magnets for travelers, adventure seekers, and those who want to reclaim their roots. But life on the

che avvenne tra il 1880 e il 1920. Questa è la storia di quegli eoliani che lasciarono le loro minuscole isole e crearono una nuova vita per loro e le loro famiglie nella cittadina di Oswego, NY.

Islands has not always seemed so idyllic, as the mass exodus between 1880 and 1920 reveals. This is the story of the Eoliani who left their tiny islands and made new lives for themselves and their families in the city of Oswego, NY.

2. Lasciandosi le isole alle spalle

Datemi la vostra gente stanca, i vostri poveri.
Le vostre masse rannicchiate, che sognano di respirare libere.
I disgraziati rifiuti delle vostre coste affollate.
Mandate questi, senza casa e in balia delle onde, a me:
Io sollevo la mia lampada sopra questa porta dorata.
~Emma Lazarus

Da quando l'uomo abita la terra, per un gran numero di motivi, ha lasciato la sua casa per spostarsi altrove: da un villaggio ad un altro, da un paese ad un altro, attraversando fiumi, attraversando oceani. I siciliani, eoliani inclusi, hanno anch'essi abbandonato le loro case, attraversato i mari e messo radici in altri continenti. Negli anni che precedono la Prima Guerra Mondiale, la maggior parte andò negli Stati Uniti e in Argentina.

Nel 1860 i siciliani sostenevano un eroe popolare, Giuseppe Garibaldi, politico e generale. Speravano che li avrebbe liberati dalla sottomissione e guardavano avanti a un futuro migliore nel 1861, quando l'Italia divenne un paese unito. Prima dell'unificazione il Regno delle

2. Leaving the Islands Behind

... Give me your tired, your poor,
Your huddled masses yearning to breathe free,
The wretched refuse of your teeming shore.
Send these, the homeless, tempest-tossed, to me,
I lift my lamp beside the golden door!
⁓Emma Lazarus, *The New Colossus*

As long as man has been on the earth, for any number of reasons, he has left home and moved to other places: from one village to another, from one country to another, across rivers, and across oceans. The people of Sicily, including the Eoliani, also left their homes, crossed the seas, and put down roots on several continents. In the years before World War I, most fled to the United States and Argentina.

In 1860, the Sicilian people stood behind a popular hero, Giuseppe Garibaldi, a politician and general. They hoped he would free them from their subjugation by the Bourbons, a powerful Spanish royal family and the last dynasty to rule Sicily. In 1861 they looked forward to a better future, when Italy became a unified country. Before Unification

Due Sicilie (di Napoli e Sicilia) era l'area più ricca d'Italia. Dopo l'unificazione, tuttavia, gli abitanti dell'Italia settentrionale iniziarono a diventare più istruiti. Potere e benessere si spostarono a Roma. Ben presto fu evidente che la vita in Sicilia non sarebbe migliorata. Il divario sociale si allargò sempre più e l'economia del Meridione conobbe un rapido declino.

Gli abitanti dell'Italia meridionale ed i siciliani, eoliani inclusi, si resero conto che dovevano lasciare le loro case. La grande migrazione eoliana ebbe inizio, e i motivi che spinsero così tanti ad emigrare tra i 1880 e il 1920 furono al contempo semplici e complessi. Il motivo dominante era che erano poveri, e non avevano speranza di riscatto. Ma la loro povertà era dovuta a un insieme di fattori.

Nella sua introduzione a *Novelle Siciliane* di Giovanni Verga, D.H. Lawrence spiegò che negli anni '60 del diciannovesimo secolo, la Sicilia era considerata il luogo più povero d'Europa e che un contadino siciliano poteva vivere una vita intera senza mai arrivare a guadagnare un dollaro. Verga descrisse le vicissitudini dei più poveri e l'insensibilità di chi aveva autorità, anche della chiesa.

Il livello di tassazione divenne fuori controllo. I ricchi evitavano le tasse con la corruzione, mentre i poveri le vedevano aumentare. Un esempio dello squilibrio nella tassazione è illustrato dal fatto che i bovini e i cavalli dei proprietari terrieri settentrionali non venivano tassati, mentre muli, capre, suini e asini degli agricoltori poveri del sud sì. In *"Don Licciu Papa"*, Verga racconta di un contadino che cerca di evitare con tutte le sue forze che gli sia confiscato il mulo.

Molti contadini dovevano ipotecare le loro terre per far fronte alle tasse. I tassi di interesse di quelle ipoteche erano vergognosamente alti e la gente non riusciva a ripagarli in una vita intera.

Inoltre, per le piccole aziende agricole intensive, a conduzione familiare, costruite sui terrazzamenti, era impossibile competere con le più efficienti imprese della terraferma.

Le piccole imbarcazioni utilizzate dagli isolani venivano sostituite da battelli a vapore, che non riuscivano ad attraccare nel porto malan-

the "Kingdom of the Two Sicilies" (Naples and Sicily), were the wealthiest areas of Italy. But after Unification, Italians in the north started to become the more educated citizens. Power and wealth shifted to Rome. It was soon evident life in Sicily was not going to improve. Class divisions continually widened and the economy in the south rapidly declined.

Southern Italians and Sicilians, including the Eoliani, realized they had to leave home. The great Aeolian migration began and the reason so many emigrated between 1880 and 1920 was both simple and complex. The simple truth is they were poor with no hope of digging out of poverty. But the poverty was due to a number of complex matters.

In his introduction to Giovanni Verga's *Little Novels of Sicily*, D. H. Lawrence wrote:

> During the sixties, Sicily is said to have been the poorest place in Europe: absolutely penniless. A Sicilian peasant might live through his whole life without ever possessing as much as a dollar, in hard cash. In his book of short stories, Verga describes the poorest people and the heartlessness of those in authority, be it civil or the Church.

From "His Reverence" in Verga's *Little Novels of Sicily*:

> . . . after Uncle Carmenio had left his sweat and his health in his Reverence's fields, he had to leave his ass as well, come harvest time, to pay off the debt . . .

Taxation spiraled out of control. The rich escaped taxes through corruption, while the poor saw taxes increase. An example of the imbalance of taxation is illustrated by the fact that cows and horses owned by the northern landowners were not taxed, however, mules, goats, pigs, and donkeys owned by poor farmers in the south were taxed. From "Don Licciu Papa" in Verga's *Little Novels of Sicily*:

dato di Lipari. Ciò ebbe i suoi effetti sul commercio e la produzione.

Il nuovo governo italiano, inoltre, cercò di sopprimere l'espressione di idee politiche.

I politici erano corrotti e presto la mafia guadagnò terreno in Sicilia. I siciliani tentarono di ribellarsi, ma i loro sforzi si rivelarono vani. Tuttavia, mentre le difficoltà politiche e la corruzione diedero a molti siciliani un motivo in più per emigrare, questo non fu l'unico fattore scatenante dell'esodo dalle Isole Eolie. Un'altra ragione fu la leva.

Dal 1865, tutti i giovani italiani dovevano registrarsi per l'esercito. Non potevano emigrare prima dei diciott'anni a meno che non stesse emigrando l'intero nucleo familiare. Nel 1869, il governo italiano impose ai suoi cittadini di essere in possesso di un passaporto, anche per spostarsi all'interno del paese. Questi passaporti venivano emessi dalla polizia di ogni comune. Il vero intento era quello di tenere sotto controllo i giovani ed evitare che non prestassero servizio militare. Soltanto il 31 Dicembre 2004 in Italia fu abolita la leva obbligatoria.

Ironicamente gli Stati Uniti non richiedevano un passaporto per entrare nel paese all'inizio del ventesimo secolo, così molti italiani riuscivano ad arrivare nei porti, salire sulle navi e partire per l'America o l'Argentina. L'idea però era che se un giovane avesse lasciato il paese sarebbe tornato quando chiamato a prestare servizio nell'esercito italiano. Chi non si presentava veniva segnalato come disertore e spedito in prigione al suo ritorno.

Nel 1911, molti italiani di Oswego, come Giuseppe Cortese e Girolamo Cincotta, che spesso tornavano a Lipari, decisero di combattere nella guerra contro la Turchia. In un articolo apparso su ll' *Oswego Daily Times* l'11 Novembre del 1911 si raccontava che, benché l'America fosse la terra promessa e avesse conquistato il cuore di molti italiani, a volte sentivano forte la mancanza del soleggiato bel paese. Molti uomini decisero di attraversare il mare e correre in soccorso dell'Italia nella sua lotta contro la Turchia, sua nemica storica.

La storia di due fratelli, Gaetano e Bartolo Reitano, che viaggiarono da Quattropani a Lipari a Oswego, New York, è esemplare di ciò

He had come with the bailiff to seize the mule for debt, since Farmer Vito would never have let the bailiff by himself take the mule from the stable, no not if they killed him for it. . . .

Many *contadini,* or peasants, had to mortgage their land to pay the soaring taxes. The interest rates on the loans were outrageously high and the people could not pay off the loans during an entire lifetime. From "Property" in Verga's *Little Novels of Sicily*:

He had to have his hand in his pocket all the year round, spending, simply for the land tax the king took so much from him that Mazzaro went into a fever every time.

In addition, the small labor-intensive family farms built on terraces found it impossible to compete with larger, more efficient operations on the mainland.

The smaller boats used by the Islanders were being replaced by steamships, which were unable to dock in the run-down harbor of Lipari. This had an impact on the trade of goods and produce.

The new Italian government also tried to suppress expression of political views. Politicians were bribed, and soon the Mafia gained a foothold in Sicily. The Sicilians tried to revolt, but their effort came to a quick end. However, while political hardship and corrupt politicians gave most Sicilians a reason to emigrate, this was not the only contributing factor to the exodus from the Aeolian Islands. Another reason was the military draft.

Beginning in 1865, all young Italian men were required to register for the army. They were not allowed to emigrate from Italy before the age of 18 unless their whole family was leaving Italy. By 1869, the Italian government required all citizens to have a passport even to move about within the country. The police in each *comune,* or municipality, issued these passports. The real reason for the passports was to keep track of young men and to keep them from avoiding the draft. It was only as

che accadde a molti altri. Quando Gaetano emigrò per la prima volta sul Trojan Prince, partendo da Napoli, fu ospite del fratello maggiore Antonio, che già viveva nello stato di New York. Dai documenti militari risulta che Gaetano fu coscritto nell'esercito italiano nel 1907. Tornò a Lipari per arruolarsi.

Dopo il congedo, Gaetano rientrò a Cortland, New York, da suo fratello. Avendo prestato servizio per il suo paese, era libero di andare e venire da Lipari e nel 1910 tornò per sposarsi con Maria Concetta Cesareo a Quattropani, nel 1911. Ancora una volta Gaetano ritornò a Cleveland per stare con suo fratello. Nel 1913 Maria Concetta si imbarcò sulla Carpathia e raggiunse Gaetano nella loro nuova città, Oswego. Vissero al numero 25 di Mitchell Street, nel quartiere Second Ward, dove erano presenti molti cugini e amici della comunità eoliana. Poiché aveva prestato servizio militare in Italia, Gaetano era libero di viaggiare da e per Lipari a suo piacimento e fu esonerato dal combattere per l'America nella Prima Guerra Mondiale.

Bartolo, fratello minore di Gaetano, emigrò nel 1905 a quindici anni e la sua fu una storia diversa. Lasciò il paesino di Quattropani e andò a Napoli per prendere la nave che lo avrebbe portato in Nord America. Quando arrivò a New York, Bartolo raggiunse per un breve periodo i fratelli Antonio e Gaetano, a Cortland. Poi si trasferì a Oswego, dove trovò lavoro come operaio in una fabbrica tessile. Trovò ospitalità da Giovanni Natoli al numero 3 di Mitchell Street. Cinque anni dopo il suo arrivo negli Stati Uniti, all'età di vent'anni, anche Bartolo ricevette la chiamata di leva in Italia. Nel 1910 gli furono recapitate a Oswego le carte della coscrizione attraverso il Consolato Italiano di Albany, NY. Ma Bartolo aveva un lavoro e una nuova vita in America e così decise di non tornare a Lipari. Ignorò la chiamata.

Poi, il 7 Agosto 1915, apparve sull' *Oswego Daily Times* un trafiletto nel quale si diceva che i "Riservisti" correvano il rischio di perdere la cittadinanza. Il sottotitolo aggiungeva che i giovani italiani tra i diciotto e i cinquant'anni erano stretti "tra due fuochi". Ciò significava, secondo il Giudice Distrettuale John D. Lynn di Rochester, che qualsiasi riser-

recent as December 31, 2004, that Italy ended this conscription of young men.

Ironically, the United States didn't require passports to enter the country at the turn of the 20th century, so many Italian men found it easy to make their way to ports, board ships without papers, and sail to America or Argentina. The expectation though was that if a young man did leave the country, he would return home when called upon to serve in the Italian army. A man who failed to heed the call to serve was labeled a deserter and would be subject to imprisonment if he did attempt to return home.

In 1911, a number of Oswego Italians, including Second Ward Eoliani Giuseppe Cortese and Giralamo Cincotta, who often traveled to Lipari, decided to enlist in the war against Turkey. A news article on November 11, 1911, in the *Oswego Daily Times*, told of the fact that although America was a land of promise and had almost weaned many Italians of their love for their mother country, they sometimes longed for sun-kissed Italy. A number of men decided to sail across the sea to come to Italy's aid in the fight against Turkey, a long-time enemy.

The tale of two brothers, Gaetano and Bartolo Reitano, who made their way from Quattropani, Lipari, to Oswego, New York, is an example of what happened to many young Italian men. When Gaetano first emigrated aboard the *Trojan Prince* from Naples, he stayed with his older brother, Antonio, who was already living in central New York State. Military papers reveal Gaetano was conscripted into the Italian army in 1907. He went home to Lipari to join up.

After his discharge, Gaetano returned to Cortland, New York, and his brother. Having served his country, he was free to travel back and forth to Lipari and in 1910, he returned home and married Maria Concetta Cesario in Quattropani. In 1911, Gaetano returned to Cortland, once again to live with his brother. In 1913, Maria Concetta sailed on the *Carpathia* and joined Gaetano in their new hometown of Oswego. They lived at 25 Mitchell Street in the Second Ward, an area filled with other cousins and friends from the Aeolian community. Due to his Ital-

vista dell'esercito italiano avrebbe perso la cittadinanza americana se fosse tornato a combattere nell'esercito italiano. il giudice Lynn annunciò

Un governo straniero non può richiamare un cittadino naturalizzato di questo paese, ma il cittadino potrà andare se lo vorrà. Tuttavia, se un italiano è stato naturalizzato farebbe meglio a riflettere prima di tornare nella sua madrepatria poiché al suo ritorno potrebbe scoprire di aver perso la sua cittadinanza.

Successivamente, il 31 Agosto 1915 apparve sull'*Oswego Daily Palladium* un ultimo appello alle armi da parte di Cesare Sconfetti, rappresentante del governo italiano. Sconfetti disse "Se uomini idonei al servizio militare non risponderanno a questo appello saranno banditi dalla loro madrepatria, a meno che non siano disposti ad essere processati per diserzione". Settantaquattro italiani ricevettero richiami speciali da parte del Consolato Italiano di Rochester. A Oswego c'erano molti riservisti, e mentre molti giovani erano "eccitati" all'idea di tornare in Italia per combattere, gran parte della "colonia italiana era triste. . . dopo che le lettere furono recapitate".

Nel 1915 Bartolo sentì di non avere scelta. Aveva sposato Giuseppina Famularo nel 1914, a Oswego, e la sua prima figlia, Nancy, era nata nel Maggio 1915. Capì che la sua decisione di ignorare la chiamata alle armi avrebbe significato non potere mai più vedere la sua amata Quattropani. Anni dopo Bartolo ricevette un altro documento ufficiale dall'Italia, che lo esonerava dal servizio militare qualora non fosse stato necessario entro il 1937. Da quella data in poi sarebbe stato nuovamente libero di tornare nella sua madrepatria. Ma nel 1937, con sei figli e una moglie da mantenere, Bartolo non aveva né le risorse né il tempo di ritornare a Lipari. Bartolo amava il suo nuovo paese e divenne uno studente modello di storia americana e inglese in una scuola serale gestita da una delle associazioni italiane. Fu orgoglioso di diventare cittadino americano nel 1938.

ian army service, Gaetano had been free to return to Lipari at will and was excused from the American military service during WWI.

Bartolo, Gaetano's younger brother, emigrated in 1905 at age 15, and his was a different story. He left his village of Quattropani and traveled to Naples to board the ship *Nord America*. Upon his arrival in New York, Bartolo joined his brothers Antonio and Gaetano in Cortland for a short while. Then he made his way to Oswego, where he found work as a spinner in a yarn mill. He found lodging with Giovanni Natoli at 3 Mitchell Street. Five years after arriving in America, at age 20, Bartolo was also called to serve in the Italian army. In 1910, the conscription papers came to him in Oswego through the Italian Consulate in Albany, NY. But Bartolo had a job and a new life in America and he decided against returning to Lipari. He ignored the call.

Then on August 7, 1915, a small news item appeared in the *Oswego Daily Times* stating "Reservists" may lose citizenship. The subheading went on to say that Italian men between the ages of 18 and 50 were "between two fires." What this meant, according to District Judge John D. Lynn of Rochester, was that any Italian man who was a reservist in the Italian army would lose American citizenship if he returned to fight for Italy. Judge Lynn announced:

> A foreign government cannot call back a naturalized citizen of this country, but the citizen may go if he wants to. However, if an Italian has taken out papers and has been naturalized he had better consider carefully before returning to his native land for he may return to find that he has lost his citizenship.

Later, an ad appeared in the *Oswego Daily Palladium* that declared August 31, 1915, as a final call to arms by Cesare Sconfietti, who represented the Italian government. Sconfietti stated, "If men fit for military duty do not answer this call they stand forever barred from their native land unless willing to stand for prosecution for desertion." Seventy-four Italian men received special delivery notices from the Italian Consulate

Oltre alla leva, un altro fattore catalizzatore per la grande emigrazione eoliana furono le catastrofi naturali. Intorno alla fine del diciannovesimo secolo e l'inizio del ventesimo secolo si susseguirono sulle isole violenti terremoti ed eruzioni vulcaniche. A metà giugno 1888 ci fu la terribile e inaspettata eruzione di Vulcano, che durò due anni. Nel 1908 un violentissimo terremoto colpì Messina ed ebbe effetti anche sulle isole eolie, provocando angoscia tra la popolazione e la distruzione di edifici, aziende agricole e case. Anche a Stromboli vi erano state una serie di eruzioni tra il 1902 e il 1916, che ridussero quasi ai minimi termini i raccolti di fichi e uva che un tempo erano stati così abbondanti. I titoli dei quotidiani dello stato di New York descrissero questa devastazione e disperazione.

Il 4 gennaio 1902 il *Syracuse Daily* riportò in un articolo che la Sicilia era scossa da terremoti e che "Le Isole Eolie sono state colpite dalle eruzioni di Stromboli e Vulcano - 28.000 persone sono in pericolo".

Il 29 Aprile 1907 un articolo sul *Troy Daily Times* descrisse la distruzione delle vigne di Stromboli.

L'isola è interamente vulcanica, una roccia conica biforcuta che si eleva a 2.500 piedi sopra il livello del mare. All'estremità ovest si trova il vulcano dello Stromboli, a 3.040 piedi di altitudine, notevole per il fatto che sia praticamente sempre attivo, e che lo sia da quasi duemila anni.

Il 29 Aprile 1907 il *Tonawonda Evening News* raccontava due storie dalle città siciliane di Catania e Messina nelle quali si diceva anche di una "straordinaria esplosione sull'isola di Stromboli. Il vulcano erutta grandi quantità di cenere che sta danneggiando i vigneti sia in Sicilia che in Calabria". "I contadini sono terrorizzati". Lo stesso giorno il *Daily Saratogian* conteneva un articolo su Napoli nel quale si faceva riferimento anche all'eruzione di Stromboli

in Rochester. There were a large number of reservists in Oswego, and while many of the younger men were "in a swirl of excitement" at the prospect of returning to fight for Italy, most of "the Italian colony was very sad . . . after the letters had been delivered."

By 1915, Bartolo felt he had no choice. He had married Giuseppina Famularo in 1914, in Oswego, and his first child, Nancy, was born in May 1915. He realized his decision not to heed the army's call would mean never being allowed to return to his beloved Quattropani. Years later, Bartolo received another official document from Italy, forgiving his military service if he was not needed by 1937. He would now be free to visit his homeland. But by 1937, with six children and a wife to support, Bartolo didn't have the resources or time to return to Lipari. Bartolo loved his new country and became a diligent student, learning American history and English through a night school run by one of the Italian societies. He proudly became a U. S. citizen in 1938.

In addition to the military draft, natural disasters were another catalyst for the great Aeolian emigration. A number of violent earthquakes and volcanic eruptions occurred around the end of the 19th century and into the early 20th century in the Islands. In mid-June 1888, there was an unexpected and violent eruption on Vulcano, which lasted about two years. In 1908, a huge earthquake in Messina affected the Aeolian Islands. The quake caused a lot of mental anguish and the destruction of buildings, farms, and homes. A series of eruptions on Stromboli that occurred between 1902 and 1916 also reduced the ability to farm. Fig and grape crops, which had once thrived on the island, declined to almost nothing. Headlines from newspapers all around New York State described the devastation and despair.

On January 4, 1902, the *Syracuse Daily* reported a story about earthquakes rocking Sicily and the "Lipari Islands Shocked—Stromboli Volcano in Violent State of Eruption—28,000 people threatened."

On April 29, 1907, an article in the *Troy Daily Times* told of the destruction of the vineyards in Stromboli:

. . . gli abitanti delle isole vicine. . . sono in uno stato di panico, temendo che alle eruzioni possa far seguito un terremoto. Leggere scosse sono state avvertite in diverse parti d'Italia, oltre che nelle isole circostanti seminando ancora più terrore tra la popolazione. Il vulcano erutta cenere. Vi sono molti danni. Molti vigneti sono distrutti. Non sono noti i danni a Stromboli poiché le comunicazioni via cavo sono stati interrotte. . .

Qualche giorno dopo, il 10 Maggio, lo stesso quotidiano pubblicò un messaggio proveniente da Messina nel quale si parlava di un'altra eruzione e che ". . . si teme che l'intera isola di Stromboli sia distrutta e inghiottita".

Il 4 gennaio 1909 apparvero ancora notizie di "forti scosse" nel *Syracuse Daily Journal*. Esse furono "avvertite in tutte le isole Lipari. . . Stromboli. . . è in eruzione, con una grande fuoriuscita di lava". Non vi erano notizie di vittime ma molte case risultavano danneggiate o distrutte.

Il 20 novembre 1911 nel *Syracuse Herald* un articolo portava il seguente titolo: VULCANO RUGGISCE. Ancora una volta in migliaia erano dovuti fuggire quando

. . . l'eruzione è iniziata inaspettatamente, a seguito di due terrificanti esplosioni che hanno scosso la terra. Dal cratere è iniziata a fuoriuscire un gigantesco flusso di lava. Si teme che molti di coloro che abitavano ai piedi di quel vulcano siano stati presi alla sprovvista e uccisi. I danni sono pesanti. In migliaia fuggono per mettersi in salvo.

Ulteriori dettagli arrivavano da Roma il 5 Luglio 1916, sul *Niagara Falls Gazette* e, il giorno successivo, sul *New York Herald*. In questi articoli si diceva che il vulcano di Stromboli era in eruzione e che gli abitanti erano ammassati sulla costa ad attendere i soccorsi delle navi, provenienti da Messina, messe a disposizione dal

The island is wholly of volcanic formation, consisting of a conical bifurcated rock, rising 2,500 feet above sea level. At its western extremity is the volcano of Stromboli, which is 3,040 feet high, and is remarkable for the fact that it is virtually perpetually active, being known to have been in this condition for almost 2,000 years.

The *Tonawanda Evening News* carried two stories on April 29, 1907, from the Sicilian cities of Catania and Messina, telling of "an extraordinary eruption of the volcano on the island of Stromboli. The volcano is throwing large quantities of ashes and cinders, which are damaging vineyards in both Sicily and Calabria." "The peasants are terror stricken." On the same day, *The Daily Saratogian* ran an article with news from Naples that also told of the Stromboli eruption:

. . . residents of the surrounding islands . . . are panic stricken, fearing a destructive earthquake will follow the eruption. Slight shocks have been felt in several parts of Italy, as well as the adjoining islands and these have added to the fear of the people. Ashes and cinders have been thrown out by the volcano. Great damage has been done. Scores of vineyards have been ruined. It is not known what damage has been wrought in the island of Stromboli as the cable communication has been interrupted. . . .

Several days later, on May 10, the same newspaper published a message from Messina stating that another violent eruption had occurred, and it was ". . . feared that the entire island of Stromboli might be shattered and engulfed."

On January 4, 1909, once again a story appeared about the "heavy quakes" in the *Syracuse Daily Journal*. The quakes were "felt throughout the Lipari group of islands . . . Stromboli . . . is in a state of eruption, great streams of lava belching forth." While no fatalities were reported, many houses were damaged or destroyed.

governo. I fuochi del vulcano erano visibili dalla costa settentrionale della Sicilia. Alcune delle ultime case rimaste in piedi erano state distrutte.

Non erano solo le eruzioni vulcaniche che avevano causato disperazione tra la popolazione. Molti raccolti andarono male, come quello a Salina intorno al 1889. Una specie di parassita, che aveva intaccato i vigneti in tutta Europa, alla fine colpì anche nelle isole ed in particolare a Salina. Ne subì i danni anche il raccolto delle olive. Il 19 gennaio 1900 l' *Oswego Daily Palladium* riportava: "Quest'anno vi è stata la perdita di tutto il raccolto di olive in Sicilia e nell'Italia meridionale a causa di una mosca, comparsa in numeri superiori alla norma per la prolungata siccità della scorsa estate e dello scorso autunno".

Mentre sempre più eoliani decidevano di emigrare, molti vendevano i terreni e le case a familiari e vicini che desideravano rimanere. Altre volte la terra era abbandonata e ben presto le tristi casupole si deterioravano e crollavano. La natura si riappropriava dei terreni agricoli. Alcuni dei proprietari più benestanti furono in grado di lasciare le isole con abbastanza fondi per poter vivere discretamente, ma la maggior parte degli emigranti erano contadini, che avevano sempre più difficoltà a portare il cibo in tavola. Quando lasciavano le loro case lo facevano portandosi poche cose per loro di valore e pochi soldi, di solito ciò che bastava per pagare il viaggio.

Sulle isole la vita quotidiana presentava anche altre difficoltà. Non vi erano strade lastricate. Ci si spostava principalmente a piedi. Le case erano dei semplici blocchi, spesso in fango e pietra, che erano spesso diroccate e facilmente danneggiate dai terremoti. Nella maggior parte delle isole mancava, a causa della roccia vulcanica, l'acqua sia per uso domestico che per irrigare i terreni. L'acqua potabile rimane una sfida ancora oggi per le isole, dove viene portata da navi e distribuita attraverso dei tubi sotterranei. Oggi però è disponibile l'acqua in bottiglia, che praticamente non si conosceva a cavallo tra '800 e '900. Si spera che un nuovo impianto di desalinizzazione possa rappresentare un modo più efficiente di fornire acqua potabile. Ma mentre intorno al 1880 a

On November 20, 1911, the *Syracuse Herald* ran a story with the headline: VOLCANO ROARS. Once again thousands had to flee as

> . . . the eruption began unexpectedly, following two terrific explosions, which shook the earth. Molten lava began to pour from the crater in a gigantic stream. It is feared here that many persons residing on the slopes were taken unawares and killed. The damage is heavy. Thousands are fleeing for their lives.

Other reports came in stories from Rome on July 5, 1916, in the *Niagara Falls Gazette* and on July 6, 1916, in the *New York Herald*. They claimed the volcano on Stromboli was erupting and inhabitants were huddled along the shore waiting to be rescued by government relief ships sent from Messina. Fires from the volcano could be seen from the northern Sicilian coast. Some of the very few remaining houses were destroyed.

It wasn't just volcanic eruptions that caused despair among the population. There were many failed harvests, such as the one on Salina around 1889. A type of lice, which had affected vineyards throughout Europe, finally struck the islands and hit Salina very hard. Olive crops also fell into the grip of insects. *The Oswego Daily Palladium* of January 19, 1900, reported, "There is a complete failure of the olive crop in Sicily and southern Italy this year, owing to the ravages of the oil fly, which appeared in unusual numbers on account of the prolonged drought last summer and fall."

As more Eoliani decided to emigrate, some sold land and houses to family or neighbors who wished to remain. In other instances, the land was abandoned and soon the sad little houses deteriorated and crumbled. Farmland returned to grassland. While some of the wealthier landowners were able to leave the islands with enough money to live comfortably, the majority of the emigrants were *contadini*, who were finding it more and more difficult to put food on their tables. When they left home it was with only a few important possessions and a little money, usually just enough for their passage.

Oswego iniziò la distribuzione di energia elettrica, nelle isole Eolie sarebbe arrivata solo molti, molti decenni più tardi.

Insieme alle notizie di case distrutte e condizioni di vita disperate, sulle coste americane arrivavano anche migliaia di immigrati eoliani. Partivano dai porti di Napoli, Messina e Palermo. La maggior parte di loro si imbarcava per New York in classe economica. Questo era il livello più basso della nave, al di sotto del livello del mare - umido, senza luce o aria pulita. In simili condizioni, erano fortunati quei passeggeri che non contraevano malattie durante il viaggio. Avevano però ancora l'incognita di ciò che li attendeva allo sbarco. La città di New York era un luogo grande e spaventoso se paragonato ai piccoli paesini di Canneto, Malfa, Acquacalda e Ginostra.

Dopo aver raggiunto New York gli immigrati attraversavano un centro di immigrazione. Prima del 1890 veniva usato a tal scopo Castle Garden. Quando Castle Garden fu chiuso, venne costruita Ellis Island. L'isola sul versante New Jersey della baia di Upper New York, era originariamente di proprietà privata e i suoi tre acri interamente coperti di sabbia. Il governo degli Stati Uniti lo acquistò nel 1808 per circa $10.000 e la ingrandì utilizzando i detriti provenienti dagli scavi per i tunnel della metropolitana di New York.

Quando arrivavano a Castle Garden o Ellis Island gli eoliani subivano gli stessi controlli da parte degli ispettori di quarantena che subivano gli altri immigrati. Era una esperienza stressante. Dopo aver ricevuto dei cartellini con i loro nomi e le informazioni di viaggio, attendevano in fila per sottoporsi a controlli di occhi, polmoni, piedi, schiene, cuoio capelluto e cuore. Si cercavano malattie fisiche e mentali, tosse, difficoltà nel camminare. Gli uomini dovevano essere capaci di lavorare sia mentalmente che fisicamente. Le donne e i bambini che viaggiavano da soli dovevano dimostrare che qualcuno li attendeva e si sarebbe preso cura di loro. Dopo le ispezioni fisiche, che duravano solo pochi minuti, gli eoliani venivano spediti dagli ispettori legali, che parlavano loro in italiano. Gli veniva chiesta l'età, lo stato civile, quanti soldi avevano con loro, la loro occupazione e dove intendevano vivere. Se per la maggior

Daily life on the Islands was also difficult in other ways. There were no paved roads anywhere. Walking was the main way to get around. Houses were plain block units, often built of mud and stone, easily affected by earthquakes and often in disrepair. On most islands, due to the volcanic rock, there was always a lack of fresh water for drinking and irrigation. While fresh water remains a challenge for the Islands today, ships bring potable water daily and pump it to land via underwater pipes. There is plenty of bottled water available, which was unheard of in the late 1800s and early 1900s. It is hoped a new desalinization plant will mean a more efficient means of providing fresh water. While the 1880s saw the beginnings of electricity in Oswego, the Aeolians wouldn't have electric lights until many, many decades later.

As the news of crop failures, destroyed homes, and wretched living conditions reached American shores, so did thousands of Aeolian immigrants. They left from the ports of Naples, Messina, and Palermo. For the most part, they sailed to New York in steerage class. This was the lower level of the ship, below the water line. It was damp with little fresh air or light. Lucky passengers didn't contract some sort of disease in this unhealthy situation. But they still had to worry about the unknown. New York City was a large and frightening place compared to small villages like Canneto, Malfa, Acquacalda, and Gionostra.

After reaching New York immigrants were processed at an immigration station. Before 1890, Castle Garden was used for this purpose. After Castle Garden was closed, Ellis Island was built up from reclaimed land. The island is located on the New Jersey side of Upper New York Bay. Originally, the island was three acres of sandy land and was privately owned. The U. S. Government bought it in 1808, for about $10,000. Using dirt dug up from building Manhattan's subway tunnels, the government doubled the size of the island and developed it to use for a new immigration station.

When they arrived at Castle Garden or Ellis Island, the Eoliani were subjected to the same scrutiny by quarantine inspectors that other immigrants had to face. It was a stressful experience. After getting

parte degli immigrati tutto il procedimento durava poche ore, alcuni venivano fermati per una notte o addirittura per qualche settimana, per motivi medici o legali. In alcuni casi veniva negato l'ingresso e dovevano intraprendere il lungo viaggio di ritorno verso l'Italia.

Questo fu ciò che accadde ai genitori e una sorella di Gaetano e Bartolo Reitano. Bartolo Sr, sua moglie Nunziata Falanga e la figlia Anna, partirono da Napoli sul *Duca d'Aosta*. Sulla nave dichiararono di voler andare a vivere presso il figlio Gaetano, a Cortland, New York. I documenti dell'inchiesta sula famiglia mostrano che lasciarono l'Italia il 16 Febbraio 1910 ed arrivarono a New York il 2 Marzo 1910. Al loro arrivo furono sottoposti ai controlli medico-legali. Gli fu fatta una dolorosa visita agli occhi per il tracoma. Ogni giorno si scoprivano centinaia di immigrati che soffrivano di questa comune, ma seria, infezione all'occhio, contratta durante le tante settimane passate stipati nelle navi. Anna aveva contratto il tracoma e doveva essere ricoverata in ospedale. Allo stesso tempo Bartolo fu individuato come LPC o *Likely Public Charge,* ovvero gli ispettori non ritenevano fosse in condizioni di lavorare e avrebbe dunque "gravato" sullo stato. Risulta che ad Anna furono servite ventidue colazioni, ventiquattro pranzi e ventiquattro cene mentre si trovava in custodia. Furono detenuti a New York per due settimane. Il governo americano addebitò alla compagnia di navigazione i pasti dei detenuti. Quando Anna fu in grado di viaggiare, lei e i suoi genitori furono rispediti in Italia il 14 marzo 1910 sulla nave *Europa*.

Dopo aver subito i controlli delle autorità, la maggior parte degli eoliani si spostava nelle zone di Lower Manhattan, Brooklyn e New Jersey alla ricerca di un posto in cui vivere. Alcuni si stabilirono a New York in modo permanente, altri vi rimasero temporaneamente. Intorno al 1885, molti facoltosi abitanti di New York si spostarono da questa zona sovraffollata per andare più a nord e le loro case unifamiliari un tempo eleganti furono vendute e divise in più unità abitative usate per ospitare i nuovi immigrati. A volte venivano aggiunti dei piani agli edifici affinché vi fosse più spazio. Vennero inoltre costruite nuove abitazioni.

nametags and travel information, they waited in lines to have their eyes, lungs, feet, backs, scalps, and hearts inspected. They were inspected for signs of physical and mental illness, diseases, coughing, and limping. Men had to be mentally and physically able to work. Women and children traveling alone had to show that someone was waiting to take care of them. After the physical inspections, which only took a few minutes, the Eoliani were sent to legal inspectors, who spoke to them in Italian. They were asked their ages, marital status, how much money they had on them, their occupation, and where they were going to live. While for most the whole process took a few hours, some immigrants were detained overnight or for several weeks, due to medical or legal reasons. These detainees were sent to wait in dormitories. Men and women were housed separately. In some cases, they were denied entry and had to make the long voyage back to Italy.

The parents and a sister of new immigrants Gaetano and Bartolo Reitano were such a case. Bartolo, Sr., his wife Nunziata Falanga (Italian women keep their own surnames upon marriage) and their daughter, Anna, sailed from Naples on the *Duca d'Aosta*. The ship manifest claims they were going to stay in Cortland, New York, with their son Gaetano. The Special Inquiry list for the family shows they left Italy on February 16, 1910, and arrived in New York on March 2, 1910. Upon arrival, this family was given the medical exams and underwent the legal scrutiny. They were given a painful eye exam to discover if trachoma was present. Each day a few hundred immigrants were found to have trachoma, a very common but serious eye infection, contracted after spending weeks on a cramped ship. Anna had contracted trachoma and had to be hospitalized. At the same time, Bartolo was labeled LPC (Likely Public Charge), which meant inspectors did not feel he was able to work and would therefore be a burden to the public. An immigration document shows Anna was provided with 22 breakfasts, 24 lunches, and 24 dinners while in custody. They were detained and remained in New York for two weeks. The American government charged the steamship companies for the meals of those detained. When Anna was fit to travel, she

Queste case erano così vicine l'una all'altra che all'interno erano spesso buie. Molte delle pensioni erano luoghi di passaggio che permettevano agli immigrati di adattarsi alla nuova vita in America prima di dirigersi verso altre aree dello stato o del paese. Spesso erano sporche, rumorose, umide e affollate. La sera si usavano lampade a gas e candele. Mancava il riscaldamento in inverno e per lavarsi l'acqua corrente era solo fredda. Da qui il termine *cold water flat* o 'appartamento con acqua fredda'. In estate le case erano calde ed il dipartimento antincendio attivava gli idranti nelle strade. I bambini giocavano nell'acqua e gli adulti si rinfrescavano e si lavavano con i getti. Il bucato veniva steso su fili che andavano da una finestra all'altra, a volte da un edificio all'altro. L'odore di cucina ed i pianti dei bambini si sentivano in tutte le stanze e arrivavano fino in strada. Tosse, raffreddori, infezioni e malattie come la Tubercolosi, la difterite e l'influenza si propagavano in un ambiente così sovraffollato. Molti cercavano di imbrogliare i nuovi immigrati, ma una importante associazione di donne newyorchesi si mobilitò per aiutarli. Stilarono delle "liste bianche" di pensioni che avevano visitato e ispezionato e che sarebbero state a loro parere oneste e sicure per i nuovi arrivati.

I primi immigrati sfuggirono a queste difficili condizioni di vita non appena ne ebbero l'opportunità. Giovanni D'Ambra, arrivato nel 1882, Bartolo Famularo, arrivato nel 1883 e Giuseppe Bontomase, arrivato nel 1896 furono tra i primi eoliani a recarsi a Oswego, più a nord. Intrapresero questo difficile viaggio con pochi soldi e una limitata conoscenza dell'inglese, spianando la strada per quelli che sarebbero venuti dopo. In seguito immigrati come i fratelli Reitano furono più fortunati perché in grado di trovare direttamente una sistemazione migliore piuttosto che passare molto tempo nelle note case popolari, ospiti di padri, fratelli, cugini o compaesani.

Dalle liste passeggeri si vede che mentre molti italiani del nord tendevano a migrare in California ed i calabresi spesso si trasferivano nel Midwest, i siciliani e gli eoliani finivano a Brooklyn o in New Jersey. Altri viaggiarono verso lo stato di New York a nordest, dalle città di

and her parents were deported back to Italy on March 14, 1910, on the ship *Europa*.

Once immigration authorities had processed them, most Eoliani moved into areas of Lower Manhattan, Brooklyn, and New Jersey, where they sought a place to live. Some remained in the New York City area permanently; others stayed temporarily. By the mid-1880s, many wealthy New Yorkers had fled this crowded area, moving north, and their once posh, single-family homes were sold and divided into multi-family dwellings used to accommodate new immigrants. Sometimes extra floors were added to buildings so there was more living space. New buildings were also constructed to house immigrants.

These buildings were so close together that they were often dark inside. Many of the boarding houses were halfway houses. They were brief stopping-off places allowing the new immigrants to adjust to American life before heading off to other areas of the state and the country. Typically, these houses were dirty, noisy, damp, and crowded. People used gas lamps and candles to see at night. The houses were without heat in the winter and had only cold running water for bathing. This is where the term "cold water flat" comes from. In the summer, the houses were hot, and the fire department opened up fire hydrants in the streets. Children played in the water and the adults cooled off and cleaned up in the spray. Laundry was strung on lines from window to window, sometimes stretching across the streets from one building to another. Cooking smells and babies' crying drifted throughout the halls and out into the streets. Coughs, colds, infections, and diseases such as tuberculosis, diphtheria, and influenza were easily spread among the many people living in such close quarters. While many tried to cheat the new immigrants, a society of prominent women in New York organized to protect them. They drew up "white lists" of boarding houses that were visited and investigated and would be honest and safe in their dealings with the new arrivals.

The early immigrants escaped from the horrid living conditions as soon as better arrangements could be made. Giovanni D'Ambra, who

Norwich e Cortland a Rome e Utica, Syracuse e Auburn. Altri finivano sulle rive del lago Ontario nelle città di Rochester, Buffalo e Oswego. Cognomi eoliani come Manfre, Iacono, Biviano, Spano, Cannistra, Reitano, Russo, Tesoriero, Natoli, Saltalamacchia, Cortese, Rodiquenzi, Famularo, Mirabito, Rando, Barnao, D'Alia, Cincotta, Bontomase, Paino e molti altri sono ancora presenti nella zona settentrionale dello stato.

Ma cosa portò gli eoliani a Oswego? Gli indiani Mohawk avevano battezzato il luogo Oswego (osh-we-geh) ovvero dove il fiume incontra il lago. Per questi isolani, cresciuti sul Mar Tirreno, l'acqua e la pesca avevano rappresentato una parte importante della loro vita. Forse erano attratti dal maestoso fiume Oswego, sulle cui rive alberi fogliosi offrono un luogo tranquillo in cui pescare durante le calde giornate estive. Nel porto quello stesso fiume è pieno di ogni tipo di navi impegnate a caricare merci, e pescherecci di ogni dimensione. Il lago Ontario, a volte verde e tempestoso on gigantesche onde bianche e altre volte tranquillo e blu sembra più un oceano che un lago. Forse ricordava il mare mediterraneo, spesso tormentato dal mitico dio Eolo, ma in altre occasioni un brillante specchio nel quale si riflette il sole. Magari gli accecanti tramonti di Oswego richiamavano il sole dorato che si inabissava dietro Filicudi e Alicudi: quel panorama mozzafiato che conoscevano così bene e avevano dovuto lasciarsi alle spalle. In realtà, ciò che li attirò così numerosi fu l'offerta di lavoro. Gli uomini che in altre parti dello stato lavoravano nelle miniere, nelle ferrovie, a scavare fosse o a bitumare strade sentirono parlare delle tante opportunità di lavoro nella crescente, piacevole e vivace città di Oswego.

In un primo momento la maggior parte degli eoliani erano uomini, di tutte le età. Arrivavano da soli con i loro padri, zii, cugini o amici. Arrivavano con pochissimi indumenti, ancor meno denaro e a volte una borsa con qualche oggetto - una coperta, utensili da cucina, un santino o dei semi. Arrivavano con la voglia di lavorare duramente e con la speranza di un futuro migliore. Secondo gli archivi molti di questi isolani tornavano a casa a sposarsi per poi portare la moglie, e magari un

arrived in 1882, Bartolo Famularo in 1883, and Giuseppe Bontomase in 1896, were among the first Eoliani to head north to Oswego. With little money or English language skills they made this difficult journey, blazing the trail for others to follow. Later immigrants, like the Reitano brothers, were more fortunate to be able to go directly to somewhat better situations. Rather than spend much time in the notorious tenements of New York City, they lived with fathers, siblings, *cugini* (cousins), or *paesanos* (fellow countrymen) from their own villages.

Passenger lists show that while northern Italians tended to migrate to California, and Calabrians often made their way to the Midwest, the Sicilians and the Eoliani tended to stay along the east coast. Many Eoliani ended up in Brooklyn or crossed into New Jersey. Others traveled up through New York State in a northwest line stretching from Norwich to Cortland, and to Rome and Utica, Syracuse and Auburn. Others ended up near the shores of Lake Ontario in the cities of Rochester, Buffalo, and Oswego. Surnames from the Aeolian Islands—Manfre, Iacono, Biviano, Spano, Cannistra, Reitano, Russo, Tesoriero, Natoli, Saltalamacchia, Cortese, Rodiquenzi, Famularo, Mirabito, Rando, Barnao, D'Alia, Cincotta, Bontomase, Paino, and many others are all still found in these upstate communities.

So, what drew the Eoliani to Oswego? The Mohawk Indians had called Oswego (osh we geh) "the place of the flowing out, where river met lake." For these island people, who grew up surrounded by the Tyrrhenian Sea, water and fishing had been an important part of their lives. So, they might have been attracted to the rushing Oswego River, its shore lined by tall leafy trees providing a peaceful place to sit and fish on a hot summer day. At the busy harbor the same river was full of all kinds of ships loading and unloading cargo, and there were fishing boats of all sizes. Lake Ontario, sometimes green and storm-tossed with giant white-capped waves, and at other times a tranquil deep blue, was more like an ocean than a lake. It may have reminded them of their own beautiful sea, often wind-blown by the mythical Aeolus, while at other times a smooth and shiny mirror reflecting the Mediterranean sun. Or

primo figlio, a Oswego. I censimenti mostrano che ad Oswego nacquero il maggior numero di figli in successione.

Benché la vita in America sarebbe stata difficile, non era misera come quella che gli eoliani si erano lasciati alle spalle. É evidente dagli archivi delle compagnie di navigazione che queste persone erano poverissime. Alcuni arrivavano con cinquanta centesimi in tasca. La maggior parte era analfabeta. Erano stati agricoltori, contadini o marinai, ma in America erano disposti a fare qualsiasi lavoro. Oswego ne offriva molto.

Il brusio del porto, un punto di passaggio dall'Ovest verso il mare, e le strade trafficate, larghe e ombrose, devono essere sembrate inebrianti ai nuovi arrivati. Ponti e fabbriche erano in netto contrasto con le stradine sterrate e le povere casette delle isole. Le autorità cittadine erano ben contente di attirare nuovi immigrati a Oswego. Nel 1900 un articolo di giornale vantava che Oswego aveva innumerevoli vantaggi da offrire e che la città fosse uno dei posti più salutari dello stato. La pesca, la navigazione, le spiagge e le belle case rendevano Oswego un posto ideale per vivere, lavorare e mandare avanti la famiglia. Vi erano scuole, una biblioteca, organizzazioni civiche e chiese. Enormi edifici, come l'Hotel Pontiac inaugurato nel 1912, rappresentavano "un magnifico esempio di architettura moderna". Ma queste non furono le uniche cose che agirono come un richiamo per gli eoliani a Oswego. A loro non interessava la "bella" vita. A loro interessava una vita migliore.

Per gli immigrati erano altre le caratteristiche che rendevano Oswego la città ideale. Dal porto, sempre trafficato e bisognoso di manodopera, passavano merci come la legna proveniente dalle segherie canadesi e il grano del Midwest. Tre grandi linee ferroviarie, *Delaware, Lackawanna and Western*, la *Ontario and Western* e la *Rome, Waterfront and Ogdensburg*, attraversavano Oswego - collegando la città con il resto dello stato e con il resto del paese. Il lavoro nelle ferrovie rappresentava una grande attrattiva poiché dava un'opportunità a lavoratori non specializzati, che smistavano le merci o costruivano e riparavano le rotaie, in modo da poter guadagnare bene ed imparare il mestiere. Con il tempo avrebbero potuto passare a un lavoro meno pesante dal punto di vista fisico,

maybe the dazzling Oswego sunsets recalled the golden sun peeking between Alicudi and Filicudi: the breathtaking views that they loved so well and had to leave behind. But in fact, it was jobs that drew so many to the shores of Lake Ontario. The men who worked in quarries, on the railroads, digging ditches, or paving roads in other parts of the state heard about the variety of job opportunities in the pleasant, lively, and growing city of Oswego.

Early on, the majority of Eoliani immigrants were men of all ages. They came alone or with fathers, uncles, cousins, or friends. They came with little clothing, very little money, and sometimes a bag with a few possessions such as a blanket, cooking utensils, a holy picture, or seeds. They came with determination to work hard and a spirit of hope for a good future. Immigration and passport records show that many men from the islands traveled home to marry, then returned to Oswego with a wife, and maybe a first child. Census records confirm most succeeding children were born in Oswego.

Although life in America was going to be difficult, it wasn't as grim as what the Eoliani had left behind them. Looking at ships' records, it's clear these people were extremely poor. Some arrived with as little as fifty cents in their pockets. The majority of immigrants were illiterate, even in their own language. They had been farmers (*agricoltori*) or peasants (*contadini*) or sailors, but they looked forward to finding other kinds of labor in America. Oswego had plenty of jobs.

The bustle of the harbor, a gateway from the west to the sea, and busy, broad, and well-shaded streets must have been intoxicating to the new arrivals. Bridges and factories made a huge contrast to the dirt roads and simple mud houses in the Islands. City officials were eager to draw new immigrants to Oswego. In 1900, a newspaper article boasted that Oswego had many advantages to offer and that the city was one of the most healthful places to live in the state. Details of good fishing, sailing, beaches, and plenty of nice homes showcased Oswego as a great place to live, to work, and to raise a family. Other amenities were schools, a library, civic organizations, churches, and trolleys. A number of large

ma sempre nel campo della ferrovia. Molti diventavano meccanici nei cantieri e riparavano materiale rotabile. Altri diventavano conduttori, bigliettai e persino macchinisti.

Molti produttori desideravano insediarsi a Oswego per la sua rete di trasporti, la sua abbondanza di acqua ed i prezzi bassi di proprietà e tasse. Tutti avevano bisogno di manodopera. Oswego era un luogo di speranza e la maggior parte degli eoliani che vi arrivarono vi trovarono un buon posto per iniziare una nuova vita.

buildings, such as the Pontiac Hotel, which opened in 1912 and was thought to be a "magnificent example of modern architecture," dotted the Oswego landscape. But these were not the things that tempted the Eoliani to Oswego. They were not interested in the "fine" life. They were only interested in a better life.

For the immigrants, it was other advantages of Oswego that sounded appealing. Wood from Canadian sawmills, grain from the Midwest, and many other goods passed through the harbor, which was always busy and in need of laborers. Three great railroads—the Delaware, Lackawanna and Western; the Ontario and Western; and the Rome, Watertown and Ogdensburg—came together in Oswego, which connected the city to the rest of New York and the rest of the country.

Railroad work was a huge reason to come to Oswego. The work provided a chance for unskilled laborers, who handled freight and built and repaired tracks, to earn good money and to learn new skills. Eventually they could move into less physically demanding niches in the railroad business. Many men became mechanics in the railroad shops, repairing rolling stock. Others became conductors, ticket agents, and even engineers.

Dozens of manufacturing companies were eager to locate in Oswego with its transportation network, ample water supply, relatively inexpensive property costs, and low taxes. These companies all needed laborers. Oswego was a place of hope and, for the most part, those Eoliani who came to Oswego found it a good place to start a new life.

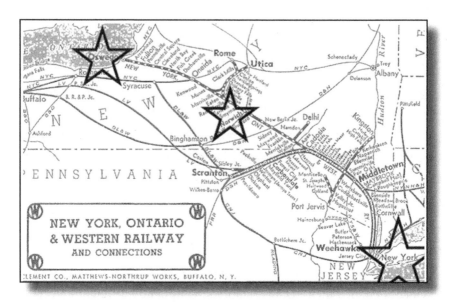

Ontario and Western Railway Historical Society—nyow.org

Canneto – courtesy of "i cani, i praire"

Thomas Reitano in the Italian Army, WWII
Gaetano Reitano nell'esercito italiano, WWII
courtesy of Tom and Kathy Reitano

Regia Agenzia Cons. d'Italia in Albany ny

DICHIARAZIONE

di arruolamento e di dispensa provvisoria dal servizio alle armi.

Contrassegni personali.

Statura m. 1 e centimetri 67
Perimetro toracico m. 0 e centimetri 86.
Capelli { colore nero / forma lisci
Occhi castani
Colorito naturale
Dentatura sana
Sopracciglia nere
Fronte regolare
Naso r
Bocca r
Mento ~
Viso ~

Segni particolari.

Neo a destra del collo.

Firma del militare

Bartolo Restano

Certifico che il cittadino Restano Bartolo figlio di Bartolo e di Zalanga Nunziata nato il 23 maggio 1889 in Lipari ( ) ed inscritto sulla lista di leva della classe 1890 del comune di Lipari circondario di Messina nonchè sul registro protocollo di questo ufficio al numero soprandicato, fu arruolato nella 1ª categoria ed ammesso alla dispensa provvisoria dalla chiamata alle armi in tempo di pace finchè duri la sua residenza all'estero, alle condizioni qui sotto riportate.

Dalla data in cui il militare suddetto avrà compito il 32° anno di età, la presente dichiarazione terrà luogo per lui del foglio di congedo assoluto.

Addì 8 luglio 1910

Il Regio Agente Consolare

AVVERTENZE.

Il militare a cui è rilasciata la presente dichiarazione deve conservarla per produrla, in caso di rimpatrio, alla regia autorità diplomatica o consolare ed alle autorità del regno da cui ne fosse richiesto.

Egli ha l'obbligo di presentarsi alle armi in caso di mobilitazione generale dell'esercito e dell'armata, salvo che ne fosse allora dispensato in relazione alla impossibilità in cui si trovasse di rimpatriare in tempo utile.

Rientrando nel regno egli deve immediatamente darne notificazione al distretto militare, e presentarsi per compiere i suoi obblighi di servizio militare.

1) Ambasciata, Legazione, Consolato, ecc.

Può però, in casi eccezionali, ottenere dalla regia autorità diplomatica o consolare il permesso di rientrare in patria e permanervi per un periodo non superiore ai due mesi: ed ottenere dal Ministero della guerra di prolungare la sua permanenza nel regno qualora comprovi di compiervi un regolare corso di studi.

La dispensa provvisoria dalla chiamata alle armi diviene assoluta e definitiva all'età di 32 anni compiuti.

Oswego n y 24 E. Van Buren St

Declaration of recruitment and provisional release from service to Italian army
Dichiarazione di reclutamento e rilascio provvisorio dal servizio all'esercito italiano

3. Perché Oswego?

Hai navigato con rabbia lontano dalla casa paterna,
attraversando i mari, e ora vivi
in un paese straniero.
⌒Medea

Gli emigranti eoliani non furono i primi ad attraversare il mare per iniziare una nuova vita a Oswego. I primi abitanti nel tardo 1700 erano un misto di britannici, olandesi, francesi e franco-canadesi; alcuni erano soldati, altri mercanti. Poi vennero i tedeschi e gli irlandesi a metà del 1800. I tedeschi avevano la reputazione di essere dei gran lavoratori, rispettosi della legge e intelligenti, ma gli irlandesi, il più grande gruppo etnico della città, dovettero combattere i pregiudizi: erano cattolici e avevano la reputazione di essere dei chiassosi bevitori, dalla rissa pronta. Svolgevano spesso i lavori più pesanti, quelli che gli altri non volevano fare. Non ci volle molto perché anche gli irlandesi diventassero parte integrante dello sviluppo economico di Oswego.

Antonio e Rosalia Russo, originari della Sicilia, arrivarono a Oswego nel 1874. Allora gli italiani in città erano pochissimi. Gli irlandesi ave-

3. Why Oswego?

You have navigated with raging soul far from the paternal home, passing beyond the seas' double rocks, and now you inhabit a foreign land.

⌒Medea

Emigrants from the Aeolian Islands were not the first people from across the sea to begin new lives in Oswego. The very early settlers in the 1700s were a mix of British, Dutch, French, and French Canadian—some soldiers and some traders. Next came the Germans and the Irish in the mid-1800s. The Germans had a reputation for being industrious, law abiding, and intelligent. The Irish slowly became the majority ethnic group in the city. The Irish had to overcome prejudice, as they were Catholic and had a reputation as rowdy drinkers, always ready for a fight. But they took the menial jobs and were soon seen as good workers. They often performed the hard labor others didn't want to do. It wasn't long before the Irish took on an integral role in the economic development of Oswego.

Antonio and Rosalia Russo, who came from Sicily, arrived in Oswego in 1874. There were only a handful of Italians in the city at this time. Two

vano, rispetto agli italiani, due vantaggi: parlavano l'inglese assomiglia-
vano per il loro aspetto ai primi coloni protestanti. Il signor Russo aiutò
quegli italiani che immigrarono negli anni a venire ad adattarsi alla
città facendo loro da interprete.

Nel 1883 due nuove compagnie di navigazione, Anchor e Florio
Lines, si aggiunsero alla lista di navi che trasportavano gli italiani
in America. Visitavano i porti del Mediterraneo e navigavano direttamente verso New York, evitando Liverpool, Le Havre e Amburgo,
fino a quel momento porti principali dell'emigrazione. Questa rotta
più diretta comportò per gli italiani un costo minore. Intorno al 1885,
persino i più poveri eoliani potevano permettersi il biglietto e si univano agli altri italiani che partivano per New York e si insediavano a
Oswego.

In altre zone del paese nacquero distretti chiamati Little Italy dove
gli immigrati potevano continuare con le loro tradizioni e la loro lingua anche nella loro nuova madrepatria. Anche a Oswego vi erano
delle zone dove vivevano molti italiani. La maggior parte delle famiglie siciliane di Messina si stabilirono nel quartiere Second Ward,
lungo la riva del lago sull'East Side. Si trattava di una delle zone meno
desiderabili della città, ma era vicina alla ferrovia e alle fabbriche che
fornivano lavoro. Gli italiani provenienti dalla terraferma invece si
stabilirono nel Fifth Ward a sud e nel Third Ward: Willow, Liberty,
Babcock, Herrik e Utica Street. Alcuni dei nuovi arrivati trovavano
alloggio nelle casette di legno, altri in delle pensioni più grandi.
Spesso trovavano ospitalità presso familiari, amici o compaesani.
La famiglia Manfre è un tipico esempio di coloro che arrivarono a
Oswego dalle Eolie e che qui misero radici. Giuseppe Manfre aprì la
sua casa a ospiti come Giuseppe Cortese, anch'egli di Lipari, e ad altri
italiani.

Nella gran parte dei casi le pensioni non erano un granché: potevano
essere freddissime d'inverno e malandate. Queste condizioni di vita
erano comunque migliori di quelle delle isole, dove molte case avevano
i pavimenti sporchi ed erano state danneggiate dalle eruzioni vulcani-

advantages the Irish had over the Italians were language (they spoke English) and appearance (they looked like the earlier white settlers). Mr. Russo helped those Italians who immigrated in the following years to acclimate to the city by serving as an interpreter.

In 1883, two new steamship companies, the Anchor and the Florio Lines, were added to the mix of the ships bringing Italians to America. They visited Mediterranean ports and sailed directly to New York. This direct route avoided Liverpool, Havre, or Hamburg, which up until this time had been the main ports of emigration. The more direct route meant a lower cost of passage on the Anchor and Florio Lines for Italians. By the mid-1880s, even the poorest Eoliani were able to afford the price of passage and they joined other Italians who were sailing to New York and settling in Oswego.

In other parts of the country, districts known as Little Italy were established where the immigrants could continue with their language and traditions in their new homeland. Oswego also had areas where many Italians lived. Most of the Sicilian families from Messina settled in the Second Ward along the lakeshore area on the eastern side of Oswego. This was one of the less desirable areas but was near the railroad and factories that provided jobs. Mainland Italians found homes in the Fifth Ward and in the southern end of the Third Ward: Willow, Liberty, Babcock, Herrick, and Utica Streets. Some new arrivals stayed in small wood-frame houses; others found lodging in larger boarding houses. They often found accommodations with family, friends, or countrymen from Italy. The Manfre family was typical of the many people from the islands who came to Oswego and put down roots there. Giuseppe Manfre and his extended family from Lipari opened their home to borders such as Giuseppe Cortese, also from Lipari, along with Italians from other areas.

Most often the boarding house accommodations were not great; they could be very cold in the winter and were often run down. These living conditions were still much better than what the immigrants had left behind in the Islands, where many houses had dirt floors and suffered

che e dai terremoti. Agli immigrati di Oswego venivano risparmiate le enormi, deprimenti, rumorose e infette case popolari di New York, dove molti si ammalavano di tubercolosi per le condizioni di sovraffollamento.

Oswego è situata in una delle aree più nuvolose degli Stati Uniti ed era certamente in netto contrasto con il clima più caldo e soleggiato delle Isole Eolie. Il clima di Oswego in effetti è temperato, con estati bellissime rinfrescate dalla brezza del lago Ontario. Ma gli eoliani non sapevano che la città si trova in quella che è chiamata la Snow Belt o Cintura Nevosa dei Grandi Laghi. Lo spostamento di aria gelida sopra il più mite Lago Ontario crea le condizioni perfette per abbondanti nevicate. L'inverno a Oswego può iniziare a Novembre e durare fino a Marzo o Aprile. Sia nel 1891 che nel 1900 l'ultimo giorno in cui si registrò una nevicata fu il 5 Maggio. La caduta media di neve negli ultimi dieci anni è stata di dieci piedi. Probabilmente la situazione è simile a quella dell'inizio del ventesimo secolo. L'inverno, con le temperature gelide e la neve che si misura in piedi, deve essere stata un'esperienza scioccante per gli eoliani.

Nonostante gli inverni rigidi, l'offerta di lavoro a Oswego bastò ad attirare gli immigrati e incoraggiarli a restare. Nel 1872, appena prima dell'influsso di immigrati eoliani, la compagnia ferroviaria Oswego and Syracuse Railroad divenne parte della Delaware, Lackawanna and Western. Secondo un articolo pubblicato sul Rome Daily Sentinel il 10 Ottobre 1872, il cantiere di Rome fu chiuso e gli attrezzi, i macchinari ed i materiali dell'officina trasferiti a Oswego. I vagoni sarebbero da quel momento stati riparati lì. La Rome, Watertown & Ogdensburg entrò a far parte della New York Central & Hudson River il 14 Marzo 1891. Per molti anni le officine della Central Ontario Division furono collocate nel West Side di Oswego. Qui i vagoni merci venivano riparati e si facevano manutenzioni e riparazioni alle locomotive a vapore. Le ferrovie operavano cavalletto per rifornire i battelli a vapore nel porto di Oswego. Anche il porto offriva numerose opportunità di lavoro. Il legname che arrivava dal Canada doveva essere smistato. I cereali come il mais, l'orzo, il grano e l'avena dovevano essere caricati sulle navi per

damage from the volcanic eruptions and earthquakes. The Oswego immigrants were spared the large, depressing, noisy, and disease-filled tenements of New York City, where many contracted tuberculosis from the close living conditions.

Oswego is located in one of the cloudiest areas of the United States and was certainly a huge contrast to the warmer, sun-kissed Aeolian Islands the immigrants left behind. Oswego does have a temperate climate, with lovely summers and cooling breezes coming off Lake Ontario. But little did the Eoliani know that Oswego lies in what is called the snow-belt area of the Great Lakes. Cold air moving over the warmer Lake Ontario makes conditions perfect for extremely heavy snowfall. Winter in Oswego can begin in November and last through March or April. In both 1891 and 1900, the last day of measured snow occurred on May 5. The average seasonal snowfall in the last 30 years has been 10 feet. It was probably similar at the beginning of the 20th century. With freezing cold temperatures and snow measured in feet, winter must have come as a great shock to the Eoliani.

Despite the harsh winters, there was plenty of work in Oswego to lure immigrants and encourage them to stay. In 1872, just before the influx of Eoliani immigrants, the Oswego and Syracuse Railroad became part of the Delaware, Lackawanna and Western Railroad. According to the *Rome Daily Sentinel* on October 10, 1882, the Rome, Watertown and Ogdensburg Railroad shop in Rome was shut down, and the tools, machinery, and materials of the shop were packed up, loaded on flatcars, and sent to Oswego. Railroad cars would now be repaired in Oswego. The Rome, Watertown and Ogdensburg Railroad became a part of the New York Central & Hudson River Railroad on March 14, 1891. For many years, the Central's Ontario Division shops were located on Oswego's West Side. Here freight cars were repaired, and steam locomotives were serviced and repaired. The railways operated a coal trestle for fueling steamships at the Port of Oswego. The port provided a variety of work. Lumber arriving from Canada needed to be processed. Grains such as corn, barley, wheat, and oats had to be loaded

il trasporto. Il carbone veniva esportato. Le ferrovie e il porto offrivano salari buoni ed un impiego stabile.

Il fiume Oswego fu strumentale nello sviluppo di molte fabbriche e stabilimenti tessili in città. In una breve dichiarazione pubblicata sull' Oswego Daily Palladium nell'Agosto 1893, il Signor O. H. Hastings sosteneva "Oswego è, dal punto di vista finanziario, in buone condizioni. Gli stabilimenti manifatturieri non sono in debito . . . "

Nel giugno 1900 una nuova fabbrica di conserve cercava oltre cento operai attraverso una inserzione che prometteva "Molto lavoro". Il fatto che ci fosse molto lavoro non vuol dire che non vi fosse competizione tra coloro che lo cercavano. Il Brooklyn Eagle pubblicò una articolo nell'estate 1902 nel quale si raccontava di tensioni crescenti, a Oswego, tra italiani portati lì dalla cartiera Battle Island Paper Mills Company e i portuali italiani locali per lo scarico delle chiatte. Fortunatamente un forte temporale aveva evitato che vi fossero violenze.

Nel 1910 una lettera al direttore dell'Oswego Daily Palladium firmata "B" celebrava Oswego come "viva e sempre più progredita". L'autore parlava di soldi spesi per il miglioramento della città, come gli edifici governativi di Fort Ontario, il YMCA , un nuovo arsenale, nuovi depositi ferroviari, banche, alberghi ed una efficiente stazione dei pompieri.

Nel 1900 a Oswego vi erano diverse grandi fabbriche, che sfruttavano l'acqua ed i trasporti ferroviari, le tasse basse ed i costi relativamente bassi degli immobili. La Pittsburg Oil Supply Company, la Herman Lumber Company, la Oswego Preserving Company, la Stevenson Malt House e la McGowan Brewery erano alcune tra le più importanti. La Kingsford Starch Factory era la più grande produttrice di amido al mondo, mentre la Oswego Shade Cloth Company era leader mondiale nella produzione di panni multiuso. Nel novembre 1911 l'Oswego Daily Times citava quarantatré imprese a Owego, incluse le seguenti:

- Diamond Match Factory - la più grande al mondo
- New York Central Railroad - compagnia ferroviaria

onto ships to be transported. Coal was exported. The railroads and the port provided good pay and steady work.

The Oswego River was instrumental in the building of a variety of factories and mills in the city. In a brief statement in the *Oswego Daily Palladium* in August 1893, a Mr. O. H. Hastings declared, "Oswego is in good shape financially. The manufacturing establishments are not borrowers. . . ."

In June 1900, a new canning factory was looking for over a hundred workers with an advertisement that said, "Plenty of Work." Plenty of work did not necessarily mean there wasn't competition for jobs. The *Brooklyn Eagle* reported a story in the summer of 1902, claiming trouble was brewing in Oswego between Italians brought in by the Battle Island Paper Mills Company and the local Italian longshoremen over the unloading of barges. Fortunately, a heavy rainstorm prevented any violence from occurring.

A letter to the editor by an outsider signing his name as "B" in the *Oswego Daily Palladium* in 1910, praised Oswego as being "very much alive and becoming quite progressive." The writer mentions money being spent to make improvements in the city, such as government upgrades to Fort Ontario, the YMCA, a new armory building, new railroad depots, banks, hotels, and an efficient fire department.

By 1900, a number of large plants were located in Oswego, taking advantage of water and rail transportation, low taxes, and the relatively low cost of real estate. The Pittsburg Oil Supply Company, the Herman Lumber Company, the Oswego Preserving Company, the Stevenson Malt House, and the McGowan Brewery were leading companies. The Kingsford Starch Factory was the largest starch maker in the world. The Oswego Shade Cloth Company was a world leader in the manufacture of shade cloth. By November 1911, the *Oswego Daily Times* reported 43 industries were doing business in Oswego including these leading employers:

- Diamond Match Factory—largest in the world
- New York Central Railroad

- Kingsford Boiler and Machine Shops - fabbrica di caldaie
- Ames Iron Works - acciaieria
- George Bessler Foundry - fonderia
- Fitzgibbons Boiler Works - caldaie
- Standard Yam Mills - stabilimento tessile
- Mohawk Manufacturing Company - manifatture
- Ontario Knitting Company - lanificio
- Oswego Knitting Company - lanificio
- Frederic Conde Knitting Mills - stabilimento tessile
- Oswego Candy Works - fabbrica di caramelle

Le compagine elencate, e molte altre, avevano bisogno di manodopera. Se il lavoro non si trovava in fabbrica, vi erano aziende agricole fondate sul muck soil - un suolo nero e ricco ricavato dalla bonifica di terreni paludosi. Sulle muck farms si coltivavano cipolle e lattughe che dovevano essere raccolte. Gli eoliani erano bravi agricoltori poiché nelle loro isole l'agricoltura era una delle principali fonti di occupazione. Non avevano paura della fatica, e spesso facevano lavori che altri non volevano fare, in particolare nell'edilizia.

A volte le donne gestivano le pensioni, ma presto iniziarono a lavorare anche fuori casa. Nelle Isole Eolie non era inusuale che le donne vivessero e lavorassero con le loro famiglie nelle aziende agricole come contadine, sarte o come levatrici nei paesini. A Oswego le donne andavano a lavorare al fianco degli uomini negli stabilimenti tessili in giro per la città, mentre i figli più grandi le aiutavano a prendersi cura dei più piccoli. Inoltre, esse trovavano impiego nelle fabbriche di caramelle, nei negozi e nei grandi magazzini. Altre guadagnavano facendo le pulizie o i lavori di cucito. Le banche del posto pubblicavano inserzioni sui giornali per incoraggiare le donne ad aprire conti correnti per far fronte alle spese familiari "in modo moderno".

Anche se per alcuni eoliani il piano era di fare soldi e poi tornare a casa, molti, come Giuseppe D'Alia di Lipari, decisero di rimanere a Oswego. Questi immigrati misero su famiglia e si misero all'opera per cominciare la vita che avevano sognato. Giuseppe era una calderaio e

- Kingsford Boiler and Machine Shops
- Ames Iron Works
- George Bessler Foundry
- Fitzgibbons Boiler Works
- Standard Yarn Mills
- Mohawk Manufacturing Company
- Ontario Knitting Company
- Oswego Knitting Company
- Frederic Conde Knitting Mills
- Oswego Candy Works

The companies listed, and many others, needed immigrant labor. If one couldn't find a job in a factory, there were farms with rich muck soil: a very black and rich soil reclaimed from wetlands. The muck farms were growing onions and lettuce that needed to be tended. The Eoliani were good farmers, as farming was one of the main occupations back in the Islands. They were not afraid of hard work, and often did jobs others didn't want to do, particularly heavy construction jobs.

Women sometimes ran boarding houses, but it wasn't long before they began to work outside of the home too. In the Aeolian Islands, it was not unusual for women to live and work with their families on farms as *contadinas,* or as seamstresses or midwives in the villages. In Oswego, women were venturing out to work alongside the men in the many knitting factories and mills dotting the city, while older children helped care for younger ones. Women also found opportunities for employment in candy factories, in small shops, and in larger stores. Others did cleaning or took in sewing as a way of earning money. The local banks were quick to put advertisements in the newspaper to encourage women to open checking accounts to pay for household expenses "the modern way."

Although for some Eoliani the plan was to make money and return home, most, like Giuseppe D'Alia from Lipari, decided to stay in Oswego. These immigrants started families and endeavored to construct the new life they had imagined. Giuseppe was a boilermaker and

la moglie, Augostina Famularo, lavorava in un cotonificio. I loro figli nacquero tutti a Oswego, come Augostina e i suoi fratelli.

Nel 1915 il padre di Augostina, Bartolo Famularo, comprò le tre case accanto alla sua. Vendette queste case a diversi dei suoi figli. Il fatto che le famiglie vivessero tutte vicine era una consuetudine nelle isole. In tal modo i genitori tenevano i figli vicini. La casa di Augostina al numero 102 di East Tenth Street nel Second Ward si trovava tra quella di sua sorella Josephine al numero 104 e la casa dei suoi genitori, Bartolo e Annunziata Cosentino Famularo, al numero 100. Il padre di Augostina e Josephine, ed i loro mariti, come molti altri eoliani, stavano studiando l'inglese e avevano richiesto i First Papers, primo passo verso l'acquisizione della cittadinanza. Alla fine, alcune sorelle di Bartolo Famularo, una figlia e un nipote vivevano tutti in prossimità della casa di famiglia dei Famularo. Formarono una piccola tribù all'angolo tra East Tenth e Schuyler Street nel Second Ward.

Se le opportunità di lavoro furono le ragioni principali per cui gli Eoliani vennero a Oswego, il lavoro non fu l'unica cosa nelle loro vite. Così come nelle isole, la vita girava intorno alla famiglia e agli amici. Le famiglie celebravano feste, battesimi, compleanni e matrimoni con grande entusiasmo. Potevano parlare e ridere e ballare e cantare ed essere se stessi. Cugini e paesani aiutavano ad alleviare il dolore dei pregiudizi subiti da questi primi immigrati. La casa era il loro rifugio dopo le lunghe giornate di duro lavoro ed i frequenti insulti che ricevevano sia al lavoro che per strada. Nel bene e nel male, Oswego era la loro nuova casa adesso ed erano determinati a fare bene .

his wife, Augostina Famularo, worked in a cotton mill. Their children were all born in Oswego, as was Augostina and her siblings.

In 1915, Augostina's father, Bartolo Famularo, purchased three houses next to his own house. He sold these houses to several of his children. This practice of families clustering together was common in the Islands. It allowed parents to keep children nearby. Augostina's house at 102 East Tenth Street in the Second Ward was sandwiched between her sister Josephine's house at 104 and the home of her parents, Bartolo and Annunziata Cosentino Famularo, at number 100. Augostina and Josephine's father and their husbands, typical of many Eoliani, were learning English, and took out First Papers, the first step to become citizens. Eventually several of Bartolo Famularo's sisters, another daughter, and a grandson, all lived in close proximity to the Famularo homestead. They formed a little family cluster at the corner of East Tenth and Schuyler Streets in the Second Ward.

While opportunities to work were the main reason the Eoliani came to Oswego, work was not the only important thing in their lives. True to their former ways in the Islands, life revolved around family and friends. Families celebrated holidays, baptisms, birthdays, and weddings with great enthusiasm. They could talk and laugh and dance and sing and just be themselves. *Cugini* and *paesanos* helped to ease the pain of the terrible prejudice suffered by these early immigrants. Home was their refuge from long hours of hard labor and the frequent insults hurled at them on the job and in the streets. In good times and bad, Oswego was now their new home and they were determined to do well there.

Giuseppe (Joseph) Manfre and Giuseppa (Josephine) Cortese Manfre
Giuseppe Manfre e Giuseppa Cortese

Marriage of Agostina Famularo and Giuseppe D'Alia. Witnesses August and Maria Corso, 1911
Matrimonio di Agostina Famularo e Giuseppe D'Alia. Testimoni di Augusto e Maria Corso, 1911
courtesy of Eva McCarthy Corradino

4. Eoliani a casa

*Alla fine, non conta da dove sono venuto. Forse la mia casa è un posto
dove andrò, dove non sono mai stato prima.*
~Warsan Shire

La casa eoliana era un luogo di amore: amore per la famiglia, amore
per il cibo, amore per la vita. Sulle isole era naturale che le famiglie
vivessero una accanto all'altra negli stessi paesini e nelle stesse case per
secoli. Il padre era il capo indiscusso, mentre la madre gestiva la casa
e, cosa più importante, la cucina. Le famiglie, individuali e allargate,
erano piuttosto numerose. I matrimoni erano spesso combinati, anche
tra cugini. Fin dai primi tempi a Oswego alcune delle vecchie tradizioni
vennero messe in discussione e cambiate, altre invece resistettero.

Nel 1909 un giornale locale raccontava che gli italiani a Oswego
avevano smesso di "fare gruppo" ed erano diventati dei proprietari di
immobili. Mentre gli eoliani preferivano ancora vivere in determinate
zone della città, alcuni a ovest della città nei quartieri First, Third e Fifth
Ward ma soprattutto a est nel Second Ward, uscivano da camere e appartamenti in affitto. Nel 1913 una pubblicità sull' *Oswego Daily Times* inco-

4. Eoliani At Home

At the end of the day, it isn't where I came from. Maybe home is some-where I'm going and never have been before.

~Warsan Shire

The Aeolian home was a place of love: love of family, love of food, love of life. In the Islands, it was natural for families to live side by side in the same villages and houses for centuries. The father was the indisputable head of the house, while the mother ran the household and, most importantly, the kitchen. Individual and extended families were rather large. Marriages were often arranged and often between cousins. Early on in Oswego, some of the old ways were challenged and changed, while other traditions held fast.

By 1909, the local newspaper reported that Italians in Oswego had stopped "herding together" and had become individual property own-ers. While the Eoliani still preferred to live in certain areas of the city, some on the west side of the city in the First, Third, and Fifth Wards, but especially on the east side's Second Ward, they were moving out of rented rooms and apartments. In 1913, an advertisement in the *Oswego*

raggiava la gente a comprare un appezzamento di terreno su Mitchell Street lungo la tranvia per $75, con la possibilità di pagare un dollaro al mese con un deposito di un dollaro. "Un luogo dove un povero potrà costruirsi una vita senza vincoli." Il Second Ward vedeva un aumento nel numero di case vendute e opportunità di impresa per gli itailani e rifletteva ciò che accadeva agli immigrati italiani nel resto del paese.

Bartolo Famularo, di Quattropani, Lipari, era il tipico immigrato lavoratore. Secondo i documenti di naturalizzazione, era arrivato nel 1883, e fu uno dei primi italiani ad arrivare a Oswego. Bartolo lavorò per la compagnia ferroviaria *Ontario and Western Railroad*, costruendo le rotaie e lavorando a esperimenti riguardanti la velocità dei treni per calcolare gli orari. Lavorò anche in un negozio di alimentari. Bartolo, che era diventato cittadino americano nel 1891, fu un leader nella comunità italiana. Spesso veniva chiamato per aiutare i nuovi arrivati ad ambientarsi nelle loro nuove case a Oswego. Il nome di Bartolo si trova come testimone in molti documenti di naturalizzazione di suoi connazionali. Fece parte di molte società italiane e guidò la fondazione della chiesa italiana di Oswego.

Bartolo Famularo scelse di emigrare in America per la libertà e per avere una opportunità. Rappresenta un esempio di immigrato eoliano che si impegnò nella sua nuova comunità sia a livello pubblico che privato. Era considerato da chi lo conosceva come un onesto cittadino. Pubblicò un annuncio sul giornale per trovare il proprietario di un portafogli trovato, fu nominato tesoriere per le feste religiose. Ma a volte ebbe qualche piccolo guaio con la giustizia.

Come molti altri, Bartolo amava andare a caccia di conigli. Un giorno lui e altri due eoliani, Angelo Cincotta e Giuseppe D'Alia furono sorpresi a cacciare conigli con furetti, proibiti dalla legge nello stato di New York. Famularo confessò e dovette pagare $32. Cincotta e D'Alia pagarono $16. Durante il proibizionismo non era difficile trovare del sidro vicino al negozio di Bartolo. In una occasione, dopo aver ricevuto lamentele per la presenza di uomini in stato di ebbrezza nella zona, la polizia perquisì il suo negozio portando via una brocca di liquido sospetto per farlo analizzare.

Daily Times urged people to act promptly to buy a lot on Mitchell Street along the trolley line for $75, or they could put a dollar down and pay a dollar a week: "The place where a poor man may begin life his own way without building restrictions." The Second Ward was seeing growth in home sales and business opportunities for Italians and was a mirror of the life Italian immigrants were living in other parts of America.

Bartolo Famularo, from Quattropani, Lipari, was a typical hard-working immigrant. According to naturalization records, he arrived in 1883, and was one of the first Italians to come to Oswego. Bartolo worked for the New York, Ontario and Western Railway, laying tracks and also working on experiments regarding the speed of trains for timetables. He also operated a grocery store. Bartolo, who had become an American citizen in 1891, was a leader in the Italian community. He was often called upon to aid new arrivals in acclimating to their new homes in Oswego. Bartolo's name can be found as a witness on a number of naturalization records for his fellow Italians. He was an officer in a number of Italian societies and a leader in the founding of the Italian church in Oswego.

Bartolo Famularo came to America for freedom and opportunity. He stands out as an example of an Aeolian immigrant who got involved in both the private and public sectors of his new community. He was considered an honest citizen by most accounts. He advertised in the local paper that he'd found a lost pocketbook. He was appointed cashier at church festivals. But he found himself on both sides of the law at times.

Bartolo, like many others, liked to hunt rabbits. Once he and two other Eoliani, Angelo Cincotta and Giuseppe D'Alia, were caught and confessed to hunting rabbits with ferrets, which was against the New York conservation law. Famularo confessed to a double judgment and had to pay $32. Cincotta and D'Alia confessed and paid $16. And during Prohibition, it might not have been unusual to find some hard cider in the vicinity of Bartolo's store. In one instance, after receiving a number of complaints about intoxicated men in the area, police conducted a search of the store and took away a gallon jug of a suspicious liquid to have it analyzed.

Bartolo capiva che le leggi americane erano fatte per aiutare gente che aveva subito un torto. In Italia, la politica e le leggi spesso non favorivano gli italiani del meridione. Ma a Oswego Bartolo scoprì che poteva contare in tribunale così come qualsiasi altro cittadino.

Nel 1907 denunciò la grande *Oswego Oil Well Supply Company*, aperta nel 1900, che dava lavoro a un centinaio di operai.

Nel 1904 una gru operata elettricamente all'interno della fabbrica ferì Bartolo. La gru era utilizzata per trasportare carichi pesanti e placche utilizzate per coprire le caldaie. Secondo la sua istanza la gru era difettosa e operata da un uomo inesperto.

Durante il processo si scoprì che l'operatore della gru era nuovo il giorno che Bartolo fu ferito. La compagnia gli aveva fatto fare solo mezza giornata di addestramento quando avrebbe dovuto farne almeno un paio prima di poter operare la gru. Questa aveva tre livelli usati per sollevare e abbassare e trasportare i carichi in diverse direzioni per tutta la fabbrica.

Ad assistere l'operatore della gru era il *hooker-on*, un operaio che accompagnava il carico trasportato. Sistemava i cavi sulla gru che trasportava il carico e dava il segnale all'operatore per indicare in quale area della fabbrica doveva spostarsi, come per esempio l'area cesoie e l'area rulli. Ad esempio il *hooker-on* alzava il palmo della mano per indicare che il carico doveva essere sollevato. Inoltre muoveva le mani per dare la direzione.

Il giorno dell'incidente Bartolo era *hooker-on*. Sistemò i cavi e fece all'operatore segno che il carico doveva essere sollevato e spostato verso un camion che lo avrebbe trasportato verso la zona rulli. Ma l'operatore o non capì o non eseguì l'ordine e il pesante carico di lastre colpì il camion. I cavi cedettero e le lastre caddero sulla gamba destra di Bartolo, fracassandola e causando altre ferite.

Bartolo dichiarò che, oltre alla poca esperienza dell'operatore, i ganci che tenevano le lastre da un lato erano difettosi, per questo cedendo e facendo sì che il carico gli cadesse addosso. Circa un anno prima dell'incidente quegli stessi cavi erano stati rotti da un martello. La riparazione

Bartolo understood that American laws were also made to help and protect people who were wronged. In Italy, politics and laws did not often favor the southern Italians. But in Oswego, Bartolo found out he could have his day in court just like any other citizen.

In 1907, he used the law to bring action against the large Oswego Oil Well Supply Company, which opened in 1900, and at one point employed about 300 workers.

In 1904, an electrically operated crane in the factory injured Bartolo. The crane was used to carry heavy loads and plates made to cover boilers. His lawsuit claimed the crane was defective and was operated by a man without sufficient training.

In the course of the trial, information came out that the crane operator was new to the job on the day Bartolo was injured. The company only gave the operator a half a day of training, when he should have received several days of training before being allowed to operate the crane alone. The crane had three levers used to raise and lower and move the loads in several directions across the factory.

Assisting the crane operator was a man called the hooker-on. The hooker-on attended to and followed the load carried by the crane. He adjusted the hooks on the crane that carried the load and gave signals to the crane operator to show the areas in the factory where the load was to go, such as to the shears area or the rolls area. For example, the hooker-on would raise his palm upwards to indicate the load should be lifted up. He would also wave his hand to indicate directions.

Bartolo was performing the job of hooker-on on the day of his accident. He adjusted the hooks and gave a signal for the crane operator to lift the load and move it toward a truck that would carry the load to the rolls area. But the operator either did not understand or did not heed the signal, and the heavy load of plates hit the truck. The hooks slipped off and the plates fell on Bartolo's right leg, crushing it and also causing other injuries.

Bartolo claimed that in addition to the ineptness of the crane operator, the hooks holding one side of the plates were defective, which caused them to break and drop the plates on him. About a year before the acci-

era stata approssimativa. Un altro uomo che aveva ricoperto il ruolo di *hooker-on* confermò che i cavi erano difettosi, la riparazione difettosa e dichiarò di aver informato un supervisore del pericolo. Nel Settembre 1910 il giudice De Angelis emise la sentenza che prevedeva per Bartolo un compenso di $12.500, equivalenti a circa $300.000 di oggi. Per i tempi era una fortuna.

Dopo l'incidente Bartolo Famularo rimase leggermente claudicante per il resto della sua vita, ma investì i soldi saggiamente in proprietà e imprese. Mentre Bartolo viveva ancora in affitto in una parte della casa al numero 24 di East Van Buren Street, di proprietà di un altro eoliano, George Rodiquenzi, acquistò un grande appezzamento di terreno all'angolo di East Tenth e Schuyler Street per $375. Successivamente Bartolo acquistò la casa Thomas H. Butler, un grande immobile su East Eighth Street tra Schuyler e Seneca Street. Ottenne il permesso dal municipio di spostare la casa all'angolo della sua proprietà a East Tenth e Schuyler Street.

Spostare una casa da una strada all'altra era una pratica abbastanza comune all'epoca. A volte costava di meno di costruire una casa nuova. La *Last Long Knitting Mill*, un lanificio a quattro piani in cemento, sarebbe sorta al posto della Butler house. Questo lanificio nel Second Ward fornì lavoro a svariate centinaia di persone, molte delle quali eoliane. Tre anni più tardi, il 30 Aprile 1913, Bartolo fece domanda al comitato per le strade per dei lavori di ampliamento alla sua casa, facendola diventare una villetta bifamiliare. Nel 1914, in una parte della casa aprì una piccola bottega. Il nuovo negozio nel quartiere italiano non era solo un luogo in cui comprare cibo e articoli per la casa, ma anche un punto di ritrovo. Potevano sentire le ultime notizie, provenienti anche dall'Italia. Diventando cittadini americani, gli italiani erano entusiasti all'idea di poter votare e la bottega di Famularo divenne un seggio elettorale per il Second Ward. Rimase proprietario di quel negozio per trent'anni. Lo spirito imprenditoriale di Bartolo è solo un esempio di come gli eoliani si stavano integrando: sfruttando i loro nuovi diritti, abilità, stipendi e senso degli affari.

dent, the hooks in question had been broken by a sledgehammer. The repair was faulty. Another man who also performed the hooker-on job testified that the hooks had failed to do the job. He also testified to the faulty repair and that he had informed a supervisor of the danger. In September 1910, Justice De Angelis handed down a decision awarding Bartolo $12,500. Today that would equal about $300,000. It was a great deal of money for the times.

Bartolo Famularo retained a slight limp from the accident for the rest of his life, but he spent his money wisely, investing in property and business. While Bartolo was still renting part of a house at 24 East Van Buren Street from fellow Aeolian George Rodiquenzi, he purchased a large parcel of land at the corner of East Tenth and Schuyler Streets for $375. Later on, Bartolo purchased the Thomas H. Butler house, which stood on a large piece of property on East Eighth Street between Schuyler and Seneca Streets. He then got permission from the city to move the house to the corner of his property at East Tenth and Schuyler Streets.

Moving a house from one street to another was not uncommon at this time. It was sometimes cheaper to move a house than to build a new one. The Last Long Knitting Mill, a four-story brick and concrete factory, was to be built where the Butler house had stood. This mill in the Second Ward would provide jobs for several hundred people, many of them Eoliani.

Three years later, on April 30, 1913, Bartolo petitioned the Committee on Streets to erect a 7 by 15 foot addition to his house, which would make it into a two-family home. By 1914, part of the house was sectioned off to make a small grocery store. The new store in the Italian neighborhood was not only a place to buy food and household goods, but also a place for friends to meet. They could learn about local news and news from Italy. As they became citizens the Italians were eager to vote, and Famularo's store became a polling place for the Second Ward. He owned the store for 30 years. Bartolo's entrepreneurship is just one example of how Eoliani were assimilating: taking advantage of newly acquired rights, skills, income, and business sense.

Come Bartolo Famularo, molti altri eoliani si stavano dando da fare e iniziavano a soddisfare le esigenze della comunità italiana. Nelle isole le donne lavoravano soprattutto in casa, facendo le pulizie, il bucato, il pane, prendendosi cura dei molti figli e cucinando i prodotti dell'orto e il pesce fresco. A Oswego, le nostre nonne eoliane continuavano a essere orgogliose casalinghe. Le loro case erano pulite e ordinate. Le foto di famiglia e le immagini del Sacro Cuore e della Vergine Maria decoravano i muri. Croci, santi, angeli e acquasantiere erano onnipresenti.

Le donne erano maestre del "vestiario di seconda mano". Abbassavano e tiravano su orli sui vestiti affinché tutti i figli potessero indossare gli stessi vestiti. Sostituivano bottoni prendendoli dalle loro vaste collezioni di bottoni di ricambio: bottoni di ogni colore e dimensione conservati gelosamente in scatole e vasetti. Rammendavano calzini e strappi. Tutto questo lavoro veniva inizialmente fatto a mano, ma non appena avevano abbastanza soldi, molte comprarono le nuove macchine da cucire Singer. Risparmiavano cucendo vestiti per l'intera famiglia: gonne e camice, abiti e pantaloni, pigiami e camice da notte. Il bucato si faceva in lavatrice. Ogni capo doveva essere passato separatamente nello strizzatoio a manovella. Poi tutto il bucato veniva steso nel cortile durante i mesi estivi e in cantina durante quelli invernali.

Quando si bucavano le suole delle scarpe, si metteva il cartone per potere continuare a usarle. Lavoravano a maglia producendo guanti, maglioni, calze e sciarpe. Facevano all'uncinetto tovaglie e copri divani, federe e ricamavano fiori sui centrini. Da vecchi vestiti facevano coperte, presine, grembiuli e copri cuscini. Cucivano tende per coprire le porte degli armadietti e per fare le sporte della spesa, o per decorare la biancheria da letto. Non si buttava via niente. Cent'anni fa le donne conoscevano già l'arte del riciclo!

Cucinare era uno dei compiti più importanti delle donne, un insieme di tradizione, orgoglio e amore. La pasta fresca era stesa e tagliata in forme fantasiose sul tavolo della cucina, poi cotta e con-

Like Bartolo Famularo, many other Eoliani were becoming productive citizens and were able to fulfill the needs of their own Italian community. In the Islands, the women mostly worked inside the home cleaning, caring for the usually large number of children, doing laundry, baking bread, and cooking meals made with local produce and fresh fish from the sea. In Oswego, our Eoliani grandmothers continued as proud housewives. Their homes were clean and tidy. Family photos, the Sacred Heart, and Mother Mary adorned walls throughout their homes. Crosses, saints, angels, and holy water fonts were always present.

The women were masters of the "hand-me-down." They let down and put up hems on clothing so that older and younger children could wear the same clothes. They replaced buttons from their large collections of spare buttons: all colors and sizes, carefully saved in boxes, tins, and jars. They kept socks darned and holes mended. While mending was done by hand, as soon as they had the money, many bought the new treadle Singer sewing machines. They stretched budgets by sewing clothes for the whole family: skirts and shirts, dresses and trousers, pajamas and nightgowns. Ringer washing machines were used to wash clothes. This required that each item of clothing be sent through the ringer separately to squeeze out the water. The wringer was cranked by hand. The laundry was then hung out to dry in the backyard in the summer months and in the cellar in the winter months.

When holes appeared in the soles of shoes, they put cardboard in them to get a little extra mileage out of them. They knitted mittens, sweaters, socks, and scarves. They crocheted beautiful tablecloths and armchair covers. They tatted delicate edgings around pillowcases and they embroidered flowers on dresser scarves. They fashioned quilts and coverlets out of old clothing, as well as making potholders, aprons, and pillowcases. They sewed curtains to hang over closet doors and cloth bags to carry groceries home. They used the craft of cutwork to embellish bed linens. Nothing was wasted. A hundred years ago these women already knew how to recycle!

Cooking was one of the most important household chores the women performed. Cooking was done with equal parts of tradition, pride, and

dita con il sugo. L'odore del sugo fatto in casa con il pomodoro fresco, l'aglio e il basilico cotto lentamente per ore si spandeva per tutto il vicinato. La pasta era onnipresente durante i pasti. C'erano pasta con i piselli, con i fagioli, con il formaggio, aglio e olio, con le verdure, con il pollo, la carne, il maiale e a volte il vitello. Queste carni divennero le più comuni a Oswego, sostituendo capra e agnello tipiche della Sicilia e delle isole.

Si servivano tarassaco e fiori di zucca. I calamari erano fritti o cotti con aglio e prezzemolo. Ricette di *sfinci, giggi* e gnocchi, preparati con amore dalle nonne eoliane, girano ancora oggi tra i loro nipoti. Le donne preparavano anche le salsicce: carne di maiale macinata insaccata con finocchio, aglio, anice, sale, pepe e prezzemolo fresco. Il parmigiano non era in scatola, ma sempre grattugiato in tavola. Una leccornia italiana era la caponata, preparata con melanzane, olio di oliva, capperi, sedano e salsa di pomodoro. Facevano arancini e frittelle di ogni tipo.

Pasta frolla e biscotti erano sempre a portata di mano nel caso amici e parenti venissero a fare visita. A Pasqua le donne infornavano pane fragrante, dolci, pane all'anice e pane ripieno di uova color pastello. A Natale biscotti ripieni di fichi, uva passa e noci. I dolci più tipici erano quelli alla pasta di mandorla o con semi d'anice e di sesamo. Non mancavano mai dolci tipicamente eoliani come cannoli e cassata. Con il tempo, però, le donne scoprivano anche la cucina Americana e preparavano crostate con pesche, fragole, mirtilli e more. Divennero popolari anche le torte a strati con la glassa. La pizza si condiva con carne, melanzane, peperoni, cipolle, acciughe e formaggio.

Mentre gli uomini sedevano a capotavola, erano le donne che dirigevano l'importante pranzo della domenica, quando la famiglia si radunava a ringraziare e celebrare la fine di un'altra dura settimana di lavoro e a godersi il meritato riposo. A questo pasto di solito partecipava tutta la famiglia allargata e gli amici più cari, legati dal ricordo delle isole, dal dialetto e dal sangue.

love. Fresh pasta dough was rolled out and cut into strips and other fancy shapes on floured kitchen tables. Then it was boiled and sometimes topped with sauce. The wonderfully fragrant smell of homemade sauce, thick with fresh tomatoes, basil, and garlic, simmered on stovetops for hours and drifted out into the streets. Pasta was ever-present at mealtime. There was pasta with peas; pasta with beans; pasta with cheese, olive oil, and garlic; pasta with greens; and pasta with chicken, beef, pork, and sometimes veal. These meats became the staples in Oswego, replacing the goat and lamb that were common throughout Sicily and the Islands.

Dandelion greens were served up, as well as fried squash blossoms. Calamari was fried or sautéed with garlic and parsley. Recipes for *sfinci, giggi,* and *gnocchi* made with loving hands by Aeolian grandmothers are still prized by their grandchildren today. The women made sausage: ground pork mixed with fennel, garlic, anise, salt, pepper, and fresh parsley and stuffed into casings. Parmesan cheese was not from a can but was always grated at the table. An Aeolian treat was *caponata,* made from eggplant, olive oil, capers, celery, and tomato sauce. They made rice balls and fritters of all kinds.

Pastries and biscotti were always on hand in case family or friends came to visit. At Easter time the women made crusty breads, sweet breads, anise breads, and breads with pastel-colored eggs imbedded in them. At Christmas, they baked cookies filled with ground figs, raisins, and nuts. Other favorites were almond-paste cookies and cookies made with anise or sesame seeds. Aeolian treats such as cannoli and cassata were always on hand. As the women learned more about American cooking, home-made pies filled with freshly picked peaches, strawberries, blueberries, and blackberries came to the table. Layer cakes baked from scratch with sweet, creamy frosting also became popular. Traditional pizzas were topped with meats, eggplant, peppers, onions, anchovies, and cheese.

While the men sat at the head of the table, it was the women who presided over the big Sunday meals, as the family gathered around the table to give thanks, to celebrate another week of hard work, and to enjoy a well-deserved day of rest. This meal was often a big family affair,

Le nostre nonne continuavano, a casa, le tradizioni isolane. Ma anche i nostri nonni si sforzavano di tenerle vive. Dopo una giornata di faticoso lavoro nelle ferrovie, negli stabilimenti tessili, sulle strade, nei cantieri edili, trovavano il tempo di curare i loro splendidi orti sul retro di casa o in appezzamenti di terreno inutilizzati. Questo lavoro non era solo motivo di piacere e orgoglio per loro, era anche un modo per contribuire al bilancio familiare. Negli orti si coltivavano pomodori, granturco, cetrioli, peperoni, patate e fragole. Spesso figli e nipoti accompagnavano padri e nonni a curare l'orto. Aiutavano a scavare, innaffiare e a togliere le erbacce. A volte raccoglievano ortaggi e frutti ed erano premiati con qualche pisello da mangiare crudo al momento o qualche fragola dolcissima. Gli orti ricordavano agli eoliani le loro isole: fave, fagiolini piatti, zucchine, melanzane, basilico, carciofi e finocchio. A differenza delle estati infinite delle isole, la stagione a Oswego durava solo pochi mesi, e così già a inizio autunno le donne preparavano conserve di pesche, pere, pomodori, fagioli, prugne e altro per assicurarsi di avere abbastanza da mangiare durante i lunghi mesi invernali. Queste conserve in vasetti facevano la loro figura anche dal punto di vista decorativo, nelle dispense.

Poiché le estati più brevi e fresche di Oswego non permettevano la coltivazione di olive, arance e limoni, gli uomini piantavano ciò che era tipico degli Stati Uniti: ciliegi, meli, prugne, albicocche e pere. Alcuni avevano addirittura alberi di fico nei giardini dietro casa. Durante i tanti viaggi a casa, gli eoliani riportavano ritagli da piantare a Oswego. Trovavano sempre il modo di tenerli in vita durante le traversate oceaniche e nel freddo dell'inverno. Quando cadevano le foglie, si potavano i rami. Gli alberi poi venivano delicatamente piegati e avvolti in vecchie coperte. A Oswego la copertura contro le abbondanti nevicate proteggevano i fichi contro il gelo. Valeva la pena fare questi sacrifici poiché in estate i fichi freschi venivano aggiunti alle insalate o spalmati su crostini di pane con ricotta e noci, avvolti in prosciutto o pancetta e cotti alla griglia con il pollo. L'aria era invasa

shared with extended family members or friends: those bound together by their Island heritage, Island dialect, and Island blood.

Our grandmothers continued Aeolian traditions in the home. Our grandfathers also found ways to keep Island traditions alive. After a day of backbreaking work on the railroads, in the mills, on the roads, and on construction sites, they found time to rake, hoe, and plant splendid gardens in backyards and in empty lots. This work not only gave them pride and pleasure but was instrumental in helping to make ends meet. The gardens were overcrowded with tomatoes, corn, cucumbers, peppers, potatoes, and strawberries. Children often accompanied their fathers and grandfathers to the gardens. They helped dig, water, and weed. Sometimes they picked vegetables and fruits and were rewarded with a few sweet peas to eat right from the pods or a few red, ripe strawberries, bursting with juicy sweetness. The Eoliani gardens also contained reminders of home: fava beans, wide flat "Italian" beans, zucchini, eggplant, basil, artichokes, and fennel. Unlike the endless hot summers in the Islands, the growing season in Oswego was only a few months long, so in the early autumn the women canned the peaches, pears, tomatoes, beans, plums, and other fruits and vegetables to make sure there was plenty of good food for the long winters. These jars of produce from the family gardens were artfully filled and beautiful to behold on the pantry shelves.

While the shorter, cooler summers in Oswego were not conducive to growing olives, oranges, and lemons, the men planted American standards such as cherry, apple, plum, apricot, and pear trees. Some even planted fig trees in their backyards. On many of the trips to and from the Islands, Eoliani would bring tender fig tree cuttings back to Oswego. They figured out ways to keep the trees alive during the voyages across the ocean and during the harsh winter months. After the leaves had fallen, any weak or unhealthy branches were pruned. Then slowly the branches could be bent to the ground and weighed down. The trees were wrapped in old blankets or rugs. In Oswego, the heavy snow cover in winter actually helped to protect the fig trees from freezing. All of the trouble and care of the trees was worth it in late summer when the pleas-

dall'odore di biscotti ripieni di fichi. La stagione dei fichi è breve, ma questo frutto era prezioso non solo per la sua dolcezza, ma per i ricordi che riusciva a evocare. Gli uomini costruivano pergolati nei loro cortili con la legna di scarto. Piantavano la vite che diventava tettoia di grandi foglie verde brillante e viticci attorcigliati che in tarda estate producevano l'uva scura e gonfia a fine estate. Producevano vino di tarassaco e sidro di mele. In alcune case più vecchie dell'East Side ci sono ancora i barili, dimenticati, che rievocano un tempo pieno di famiglia, terra e amore.

Gli eoliani allevavano polli e conigli nei loro cortili. Nel fiume Oswego potevano continuare a praticare la pesca; andavano a fare il bagno nel lago dietro il cimitero di Fort Ontario nelle calde giornate d'estate e a Natale arrostivano le castagne. Cantavano le canzoni della loro terra ai loro figli nel dialetto eoliano.

Inizialmente la vita per gli immigrati eoliani fu per molti versi simile a quella che avevano vissuto in Italia. Vivevano per la famiglia e continuavano le tradizioni, parlavano dialetto tra di loro, e lavoravano duramente. Per altri aspetti però, la vita a Oswego era più facile. Avevano più confort, più scelta, più beni e servizi, una sanità migliore e più soldi. Dovevano imparare ad adattarsi alle consuetudini e alle tradizioni americane. Per andare avanti, per non essere più operai non specializzati, per avviare delle imprese e per diventare proprietari di case, dovevano imparare a parlare, leggere e scrivere in inglese. Nel 1915 il Dipartimento di Istruzione degli Stati Uniti iniziò ad incoraggiare gli immigrati a diventare cittadini con litografie che recitavano "L'America prima di tutto. Impara l'inglese, vai alla scuola serale, diventa cittadino". Gli eoliani che si erano decisi a restare a Oswego sapevano di dover diventare cittadini americani per sentirsi davvero parte del loro nuovo paese.

Ben presto nuove festività, cibi, attività e idee apprese a Oswego vennero incorporate alle tradizioni e allo stile di vita che gli eoliani avevano portato dalle isole. Il battesimo di un neonato era di grande importanza nella vecchia patria. Quando possibile, i bambini venivano

ant fruit could be tossed in salads or spread on crostini with ricotta and walnuts. Figs were wrapped with prosciutto or pancetta and grilled, or roasted with chicken. The smell of baked fig-filled cookies permeated the air. The fig season was a short one, but the fruit was cherished not only for the sweet taste, but also for the sweet memories of home it evoked.

Men constructed arbors in their backyards from scraps of wood. They planted grape vines, which grew into canopies of large, brilliant green leaves and curly tendrils that bore fat, dark purple grapes in late summer. They made wine by crushing the grapes and filling barrels with the juice, which fermented in damp, dark cellars. They also made dandelion wine and apple cider. In some older east side homes, the barrels, long forgotten, are still in place, and they recall a time filled with family, earth, and love.

The Eoliani raised chickens and rabbits in backyard coops and hutches. They were able to continue their love of fishing in the Oswego River; they swam in the lake behind the Fort Ontario cemetery on hot summer days and roasted chestnuts at Christmas. They sang songs from their homeland to their children in their Aeolian dialect.

In the beginning, life for the Aeolian immigrants was somewhat the same as it had been in Italy. They lived for family and continued traditions, spoke in dialect among themselves, and worked hard. In some ways though, life in Oswego was somewhat easier. They had more conveniences, more choices, more goods and services, better health care, and more money. But despite all of the advances they had made, daily living could still be difficult and complicated. They had to learn to fit in with American social attitudes and customs. To get ahead, to break away from being unskilled laborers, to start businesses, and to own homes, they needed to learn to speak, read, and write in English. In 1915, the United States Department of Education began urging immigrants to become citizens with a lithographic poster declaring, "America First. Learn English, attend night school, become a citizen." The Eoliani who had made up their minds to remain in Oswego knew they had to become American citizens to truly feel a part of their new homeland.

battezzati a ventiquattro ore dalla nascita. Quindi il battesimo poteva avvenire a qualsiasi ora, in qualsiasi giorno. Il padre e il padrino erano spesso le uniche persone presenti per il sacramento. Questo senso di urgenza era dovuto non solo alle leggi della chiesa, ma anche al fatto che molti bambini morivano poco dopo la nascita. A Oswego, come in altre città, il battesimo poteva essere rimandato di qualche settimana. Veniva celebrato di domenica, spesso subito dopo la messa. I parenti, insieme al padre e al padrino, erano presenti alla cerimonia. Dopo il battesimo, a casa si faceva una festa, con i familiari, gli amici, i vicini e tanto cibo.

Sulle isole la settimana santa era la settimana più importante del calendario ecclesiastico, e si faceva i Precetto Pasquale. A Oswego, questo era chiamato *Easter Duty* consisteva in una confessione e la comunione. Le messe, le vie crucis, le benedizioni e i "misteri" del Venerdì Santo facevano tutte parte della settimana santa nelle isole, e continuarono a essere praticati anche a Oswego. Dopo quaranta giorni di Quaresima, le famiglie erano pronte a mangiare dolci. Biscotti con mandorle, ricotta e anice, insalata ambrosia, pane pasquale, amaretto e molti altri dessert terminavano il pranzo della domenica di Pasqua.

Il quattro luglio era, invece, una festa tutta americana. Con il loro amore per le feste, questo era un giorno che sembrava fatto apposta per gustare specialità italiane, vedere bande musicali marcianti e spettacoli di fuochi d'artificio. Anche se gli immigrati non dimenticarono mai le loro isole, erano entusiasti di proclamare il loro amore per la nuova patria. Bandiere e bunting decoravano i portoni. Fragole dolci e succose, coltivate localmente, erano una prelibatezza che durava poco. Gli agricoltori passavano per le strade con carretti trainati da cavalli a vendere angurie. Gli uomini usavano i loro coltellini per tagliarle e testarne la dolcezza prima di acquistarne una intera.

In Italia la vendemmia si festeggiava tradizionalmente con decorazioni di frutta e verdure. Il Giorno del Ringraziamento era una nuova versione della vendemmia. Nei cortili degli eoliani venivano ingras-

Eventually new festivities, foods, activities, and ideas learned in Oswego would be incorporated into the traditions and way of life the Eoliani had brought from the Islands. Baptizing a new baby was of greatest importance in the old country. Babies were baptized within 24 hours of birth if at all possible. So, the baptism could occur any day or time of day. The father and Godfather were usually the only ones present for this sacrament. This sense of urgency was not only due to Church law, but also because many infants died soon after birth. In Oswego, as in other cities, the baptism might be put off for a week or several weeks. It was done on Sunday, most often right after Mass. The parents, along with the Godfather and Godmother, attended the ceremony. Following the baptism, a party was held at home with family, food, friends, and neighbors.

In the Islands, Holy Week, the week leading up to Easter, was the major holiday of the Church calendar. Catholics made their *Precetto Pasquale*. In Oswego, this was called Easter Duty and consisted of confession and receiving Holy Communion. Masses, passion plays, blessings, and Good Friday processions depicting the "way of the cross" were all part of Holy Week in the Islands, and these continued in Oswego. After 40 days of fasting during Lent, families were ready for sweets. Almond, ricotta, and anise cookies, ambrosia salad, Easter egg bread, amaretto cake, and many more lavish desserts accompanied the big Easter Sunday meal.

The Fourth of July was an all-American holiday. This was a day made for Italians, with their love of parties and festivals, food, marching bands, and fireworks. Although the immigrants never forgot their Islands, they were eager to proclaim love of their new country. Flags and bunting decorated front porches. Sweet and juicy strawberries, locally grown, were a treat that only lasted a few weeks. Farmers passed through the streets selling watermelons from horse-drawn carts. Men would use pocketknives to cut and test the sweetness of a small piece of watermelon before they purchased the whole fruit.

Italy traditionally celebrated the fall harvests with decorations of fruits and vegetables. Thanksgiving was a new twist on those harvest festivities. Turkeys were fattened up in backyard coops when the

sati i tacchini quando si adattarono al menu americano che prevedeva tacchino arrosto e torta di zucca. Il pane italiano e le castagne erano la scelta naturale degli italiani per il ripieno del volatile. Il vino e il sidro fatto in casa venivano serviti insieme con l'espresso. Gli immigrati adesso avevano figli nati in America, compravano case di proprietà e lavoravano per una paga decente. Erano grati per le loro vite nel nuovo paese, così come lo erano stati i padri fondatori duecento anni prima.

Il Natale nelle isole Eolie era una festa religiosa incentrata sul giorno dell'Epifania il 6 gennaio. In America questa era spesso chiamata Little Christmas. A Oswego, la vigilia di Natale divenne il giorno di festa più popolare. Con il tempo Santa Claus sostituì la befana, che ai bambini delle isole portava dei piccoli doni e carbone ai monelli. A Oswego come nelle isole i presepi facevano bella mostra di se nelle case e nelle chiese si organizzavano recite di natale con i costumi tradizionali. In Italia per strada a Natale si mangiavano biscotti, caldarroste, mandorle, pistacchi, frutta secca e arance. Questi continuarono a riempire le calze dei bimbi di Oswego. Il Natale divenne tempo di grandi festeggiamenti di famiglia. La chiesa e il cibo erano i grandi protagonisti. Non c'erano molti soldi da spendere in regali, che erano spesso piccoli e fatti in casa. Calze, sciarpe e maglioni lavorati a maglia, vestiti, grembiuli e pantaloni cuciti a mano, scarpe, coltellini, banane, palloni, candele e caramelle erano regali che ci si scambiavano comunemente. Cagnolini e gattini erano dei doni benaccetti. Molti negozi del centro pubblicavano inserzioni pubblicitarie con suggerimenti per regali. Alcuni dei regali più costosi ma sempre popolari erano slitte, taglierini, calendari, rasoi, pattini, tovaglie, accappatoi, set con spazzola e pettine, saponi, portasigarette, orologi, bambole, go-cart, carrozze per le bambole, cappelli di pelliccia, cavalli a dondolo, spille, gemelli, whiskey e vino.

All'inizio del ventesimo secolo, la vita in America era in enorme contrasto con quella che si erano lasciati alle spalle nelle isole. Gli eoliani arrivarono a Oswego proprio quando accadevano cose impor-

Eoliani gradually adapted the American menu of roasted turkey and pumpkin pie. Italian bread and chestnuts were a natural choice for stuffing the birds. Homemade wine and cider were served along with espresso. The immigrants now had children born in America, they were buying homes of their own, and working at decent paying jobs. They were thankful for their lives in a new land, just as the Pilgrims had been 200 years earlier.

Christmas in the Aeolian Islands was a religious holiday centered on the Feast of the Epiphany on January 6. In America, this was often referred to as Little Christmas. In Oswego, Christmas Eve became the more popular day to celebrate. Santa Claus eventually replaced the old witch, *La Befana*, who had brought simple gifts to the good children in the Islands and sticks to the naughty ones. In the Islands and in Oswego Nativity scenes were prominent in homes, and church groups organized reenactments of the Nativity in traditional costumes. In Italy's streets, chestnuts, biscotti, almonds, pistachios, dried fruits, and oranges were popular at Christmas time. These continued to be put in the stockings of the children in Oswego. Christmas became a time for big family celebrations. The main events revolved around church services and food.

There wasn't a lot of spare money to spend on presents so gifts were often small or homemade. Knitted socks, scarves, and sweaters; hand-sewn dresses, aprons, or pants; shoes; pocketknives; bananas; balls; candles; and candy were common to give. Puppies and kittens were welcome gifts. The many downtown stores placed ads in the newspaper with gift suggestions. Some of the more expensive but popular gifts included sleds, whittler's kits, calendars, safety razors, skates, table cloths, bathrobes, gloves, umbrellas, razor straps, flashlights, manicure articles, comb and brush sets, soaps, cigarette cases, clocks, dolls, go carts, doll carriages, fur caps, muffs, rocking horses, brooches, stick pins, hat pins, cuff links, whiskey, and wine.

At the beginning of the 20th century, life in America was a huge contrast to life in the Islands left behind. The Eoliani were arriving in Oswego just at the time when a lot of important and exciting things

tanti che avrebbero fatto sentire i loro effetti per anni a venire. Furono fondate *US Steel* e, da Henry Ford, la *Herny Fort Motor Company*. I fratelli Wright fecero il loro primo volo e nacquero l'FBI e la Pure Food and Drug Act. Il Suffragio universale diede alle donne il diritto al voto.

Gli eoliani stavano imparando l'inglese, e leggevano le notizie nazionali nel giornale locale, l'*Oswego Daily Times*. Oswego offriva anche libri, riviste, teatri, football e baseball come intrattenimento popolare La biblioteca vantava una raccolta di oltre 100.000 libri e la comunità era servita da un ufficio postale. Le strade erano adornate di edifici pubblici e residenze private bellissime. La città era piena di botteghe, fiorai, mercerie, sellerie, negozi di scarpe, fotografi, drogherie e ferramenta. Una tranvia portava i residenti in spiaggia lungo il lago o alla città di Minetto.

Varie scuole elementari e una scuola superiore offrivano educazione gratuita a tutti. La Oswego Normal School, che in seguito divenne la State University od New York at Oswego, formava nuovi insegnanti. Oswego aveva un ospedale con dottori e infermieri. I dentisti si occupavano dei denti. Una forza di polizia e il dipartimento antincendio aiutavano a mantenere la città sicura. Esistevano associazioni, alcune con radici italiane e altre puramente americani, come Elks Lodge. I corsi di contabilità e stenografia erano disponibili alla scuola serale. Le donne facevano corsi su come si cucivano vestiti, abbigliamento per neonati, completi eleganti e cappelli. La Richardson Opera House, costruita senza badare a spese, era uno degli edifici più belli del suo genere e offriva alla città intrattenimento di prima classe. Oswego era ora un microcosmo della vita americana. Gli eoliani ebbero un ruolo in questo periodo di crescita della città e beneficiarono di quello che aveva da offrire.

were happening that would make major impacts on this country for years to come. U. S. Steel was founded, and Henry Ford started the Ford Motor Company. The Wright Brothers made their first flight, and the FBI and the Pure Food and Drug Act were established. Women's Suffrage gave women the right to vote.

Eoliani were learning English and could read about these national happenings in the local newspaper, the *Oswego Daily Times*. Oswego also offered books, magazines, theater, football, and baseball as popular entertainments. A library boasted over 100,000 books on its shelves and a post office served the community. Fine-looking civic buildings and beautiful residences lined the streets. Grocers, florists, dry goods, horse furnishings, shoe stores, photographers, drug stores, and hardware stores dotted the city. A trolley line carried residents to the beach along the lakefront or to the town Minetto.

A number of elementary schools and a high school offered free education to all. The Oswego Normal School, which later became the State University of New York at Oswego, was educating new teachers. Oswego had a hospital staffed with doctors and nurses. Dentists took care of teeth. A police force and fire department helped to keep the city safe. There were many social organizations, some with Italian roots and others purely American, such as the Elks Lodge. Bookkeeping and shorthand courses were available at night school. Women took courses on sewing dresses, infant clothing, and suits or hat making. The Richardson Opera House, built with no expenses spared, was one of the handsomest buildings of its kind anywhere and provided the city with first-class entertainment. Oswego was now a microcosm of American life. The Eoliani were a part of this period of the city's growth and they benefited from all it had to offer.

5. Superare le discriminazioni

Ragazzo americano, mi fa le smorfie. Mi chiama 'dago'. Gli do la caccia
Non vedo quello più grande che mi ruba la frutta.
⁀da "Fruit Peddler's Idea", 22 Maggio 1902 *Oswego Daily Palladium*

Per molti secoli le Isole Eolie avevano tollerato raid e occupazioni. Gli invasori avevano portato lingue, religioni, cibi e culture. A volte, come per esempio gli Arabi, avevano arricchito la vita delle isole, portando anche nuove tecniche agricole, scienza e ingegneria. Ma spesso gli isolani si erano dovuti nascondere dagli invasori per evitare di essere uccisi o schiavizzati. Il costante andirivieni di conquistatori in Sicilia lasciarono la gente con una sfiducia di fondo nei confronti degli estranei. Non c'è dunque da stupirsi che quando gli eoliani arrivarono in America continuarono ad attuare queste tecniche di auto-conservazione su cui avevano fatto affidamento nel loro vecchio paese. Come altri italiani del sud, gli eoliani spesso vivevano e interagivano in un cerchio ristretto di amici e parenti. Vecchi registri matrimoniali delle isole mostrano che per secoli la gente di un paesino con determinato cognome si sposava con gente che portava un altro particolare

5. Overcoming Discrimination

American boy, he maka da face. He calls me "dago". I start him to
chase. Dan seeah odder boy da robbin my place and swipe da fruit.
〜"A Fruit Peddler's Idea," May 22, 1902, *Oswego Daily Palladium*

The Aeolian Islands tolerated raids and occupations by outsiders for
many centuries. These invaders brought many languages, religions,
foods, and cultures to the Islands. Sometimes the intruders, such as the
Arabs, enriched life on the Islands. They brought new farming ideas,
science, and feats of engineering. But just as often the Islanders had to
hide from invaders to avoid being killed or enslaved. The constant coming and going of different rulers and interlopers in Sicily left the people with a great distrust of strangers. It's no wonder when the Eoliani
came to America they continued some of the ways of self-preservation
they had relied upon in the old country. The Eoliani, like other southern Italians, usually lived within, and interacted among, a small circle
of family and friends. Old marriage records from the Islands show that
for centuries people in a village with certain surnames married others
in the village with particular surnames. Cousins often married cousins.

cognome. I cugini spesso si sposavano con i cugini. Questa cerchia di persone parlava dialetto, poiché spesso non conosceva l'italiano che si usava al nord. Il dialetto li rendeva parte di quel gruppo e contribuiva a mantenere intatto il loro senso di identità. Come in passato, ancora oggi molti immigrati in America tendono a raggrupparsi negli stessi quartieri e nelle stesse città. Questo da loro un senso di casa, familiarità, sicurezza.

La maggior parte degli immigrati eoliani erano stati contadini, marinai, pescatori. Spesso non sapevano leggere e scrivere nella loro stessa lingua. La pelle olivastra, la resistenza a interagire con altri gruppi e la lentezza nell'accettare l'inglese, distingueva gli italiani del sud da quelli più istruiti e integrati del nord. In tutta America venivano descritti come riservati, inaffidabili, pigri e pericolosi. Per tutti questi motivi, trovavano i lavori più umili e venivano pagati meno rispetto ad altri gruppi etnici.

Idealizziamo gli Stati Uniti come terra di opportunità e libertà per tutti. Crediamo che qui si accolgano gente di qualsiasi paese e di qualsiasi razza. Ma in passato, così come oggi, questo è vero solo in parte. Ogni nuovo gruppo deve affrontare l'ispezione e l'accettazione di coloro che sono arrivati prima di loro. Mentre gli irlandesi, i polacchi e altri ebbero i loro problemi nell'ambientarsi a Oswego, gli italiani dovettero subire molte più discriminazioni. Sembrerebbe logico pensare che chi aveva dovuto affrontare durezze e discriminazioni al loro arrivo in America avrebbe provato empatia per chi si trovava in quella stessa situazione. Ma a Oswego come altrove in America, solitamente non era così. Le peggiori discriminazioni spesso venivano proprio dagli irlandesi, felici di non essere più loro ad occupare il gradino più basso della società e della forza lavoro. Sapendo di essere svantaggiati dal loro aspetto rispetto ai più chiari, e anglofoni, irlandesi, gli italiani accettavano lavori che erano sporchi, difficili e non specializzati. Venivano accusati di rubare il lavoro, anche se altri gruppi etnici non volevano lavori manuali. In un articolo del *New York Herald* del 1883 si diceva

This circle of people spoke in a dialect, as they often didn't know the more standard Italian language used in the north. The use of this dialect made them accepted within that circle and also helped them retain a sense of who they were. As in the past, it is still not unusual behavior for immigrants from any foreign country to huddle together in neighborhoods and towns when they first arrive in America. This gives them a sense of home, familiarity, and safety.

The majority of the Aeolian immigrants had been peasant farmers, sailors, or fishermen. They often could not read or write in their own language. Their darker appearance, resistance to mingle with other groups, and slowness to accept English as their language set the southern Italians apart from the more educated and accepted northern Italians. Descriptions such as secretive, untrustworthy, lazy, and dangerous followed the southern Italians across America. Due to this whole set of circumstances, they took on the lowest types of work and they were paid less than other ethnic groups.

Ideally, we think of the United States as a place of opportunity and freedom for all. We like to think people from every place and every race are welcomed. But in the past, as it is today, this was only partly true. Every new group of people must face the test of inspection and acceptance by those who came before them. While the Irish, Polish, and others had their share of problems settling in Oswego, the Italians seemed to face much more discrimination. One would think those who had faced hardship and discrimination when they arrived in America would have empathy for others in the same situation. But in Oswego, as in other cities across America, that was not usually so. Some of the worst discrimination was at the hands of the Irish, who were happy to no longer be on the bottom rung of society or in the labor force, once the Italians arrived. Knowing they were at a disadvantage when compared to the fair-skinned and English-speaking Irish, the Italians were willing to do the jobs that were messy, difficult, and called for unskilled labor. They were accused of stealing jobs, even though other ethnic groups didn't like or want the hard labor. An article in the *New York Herald* in 1883 stated:

Gli italiani fanno lavori che altri stranieri rifiutano. Stanno scalzi e sono disposti a stare nel fango o nell'acqua fino alle ginocchia tutto il giorno a spalare sporcizia, ma quando è richiesta una qualsiasi abilità, gli italiani non sono desiderati.

Questo tipo di ragionamento incoraggiò gli irlandesi, come altri, a chiamare gli italiani pigri, sporchi e ignoranti. Anche se a Oswego non ci furono disordini tra i vari gruppi etnici come quelli che si videro a New York, Boston e New Orleans, gli italiani sapevano che dovevano fare attenzione se volevano avere successo ed essere accettati. Era questo uno dei motivi per cui non interagivano con altri gruppi. Ma questo isolamento auto-imposto portò nei loro confronti ancora più sfiducia.

Uno dei modi in cui si palesava la discriminazione nei confronti degli eoliani di Oswego era la separazione delle tombe di italiani e irlandesi nel cimitero cattolico di St. Paul's, nella zona est del Second Ward. Gli irlandesi erano arrivati prima in città e avevano costruito quel cimitero, dove il monumento più grande è quello in memoria di un prete irlandese, Reverendo Michael Barry, che celebrò i sacramenti di molti eoliani prima che fosse costruita la chiesa italiana. Per molti anni le tombe degli irlandesi occupavano l'entrata e la parte centrale del cimitero, mentre gli italiani erano sepolti lungo le rotaie della ferrovia o sulla collinetta confinante con un bosco. Con il passare del tempo, le divisioni etniche iniziarono a sparire dalla vita quotidiana, e le tombe degli italiani si mischiarono con quelle degli irlandesi. Oggi, il cimitero è cattolico, senza connotazioni etniche.

Da un rapido sguardo ai quotidiani dell'epoca emergono chiaramente la mancanza di rispetto, i pregiudizi e la discriminazione che gli eoliani dovettero subire appena arrivati a Oswego. L'autore di un pezzo su *The Herald Statesman* del 24 Aprile 1891 intitolato "Il Problema dell'Immigrazione" mostra scarsa comprensione delle ragioni per l'immigrazione italiana. "Eppure avremmo desiderato che rimanessero a casa loro, a godersi il sole e il cielo azzurro della loro bella Italia". E prosegue col dire "ci vorrà molto tempo per rendere anche i migliori tra loro dei cittadini desiderabili".

The Italians will do work that other foreigners refuse. They go barefooted and will stand up to their knees in mud and water all day shoveling dirt, but where there is any care or skill involved the Italians are not wanted.

This kind of thinking often prompted the Irish, and others, to call the Italians lazy, dirty, and ignorant. Although altercations among ethnic groups like those seen in New York City, Boston, and New Orleans didn't occur in Oswego, the Italians knew they had to tread carefully if they were to succeed and become accepted. This was one reason they kept to themselves. However, this self-imposed isolation bred further mistrust.

One of the ways discrimination against the Oswego Eoliani was evident was the separation of Italian and Irish graves in St. Paul's Catholic Cemetery, located just east of the Second Ward. The Irish were in town first, so they established the cemetery. In this cemetery, the grandest monument by far belongs to an Irish priest, Reverend Father Dean Michael Barry, who performed the sacraments for some Eoliani before the Italian church was built. But for many years the Irish graves continued to occupy the front and center sections of the cemetery. The Italians were laid to rest right along the railroad tracks or up the hill along the edge bordering the woods. As time progressed, and the ethnic divisions started to disappear in everyday lives, the Italian graves were interspersed with the Irish graves. Today, the cemetery is a Catholic cemetery without ethnic connotations.

Browsing through old newspapers gives a clear picture of the lack of respect, prejudice, and discrimination the Eoliani had to endure in the early days of their settlement in Oswego. The author of a piece in the *Herald Statesman*, April 24, 1891, entitled "The Immigration Problem," fails to show an understanding of the reasons for Italian immigration. "And yet we wish they had remained at home, to enjoy the sunny atmosphere and bright skies of Italy the beautiful." The writer continues with, "It will require a long time to make even the best of them desirable citizens."

In altri articoli sui giornali locali si possono leggere le offese e la rabbia rivolte loro da molti in città. Una lettera al direttore dell' *Oswego Daily Palladium* pubblicata il 20 Febbraio 1892 riassume i sentimenti di sospetto e paura. L'autore non fa riferimento diretto agli italiani, ma è evidente che si riferisca a loro:

Uomini che, nel Vecchio Mondo, sarebbero stati pagati venticinque centesimi al giorno, sopravvivendo con una dieta da fame, lavorano nelle nostre ferrovie e fanno altri lavori di manovalanza. Poiché vivono in delle baracche, mangiando i cibi più rozzi e allevando i propri figli nell'ignoranza più fitta, gli Americani, incapaci di vivere in certe condizioni non possono competere con loro, e si trovano con le spalle al muro. Conservano i loro guadagni con l'idea di tornarsene nel loro paese. Si rifiutano di imparare l'inglese e sono aggressivi e difficili da gestire.

Gran parte degli abitanti di Oswego, irlandesi, tedeschi o inglesi, venivano chiamati con i loro cognomi negli articoli di giornale, gli italiani erano solo *un italiano*, come se ciò bastasse a spiegare un comportamento anomalo o un atto criminale. Ciò è esemplificato in un articolo dell'*Oswego Daily Times* del 13 Maggio 1914:

"Fair Play per gli italiani"
Il criminale italiano è quasi sempre certo di ricevere l'onore della prima pagina e del titolone dove si usa l'appellativo "Italiano". Infatti la stampa sembra ansiosa di far sapere al lettore che un certo uomo sia italiano qualora infranga la legge. Questa stessa ansia non viene mostrata quando a trasgredire è un uomo di qualsiasi altra nazionalità.

Questo si evince anche in altri giornali di Oswego:

Excerpts from several articles printed in the local newspapers detail some of the offensive remarks and animosity held by many in the city. A letter to the editor of the *Oswego Daily Palladium* on February 20, 1892, sums up the feelings of distrust and fear that were commonplace. Although the writer does not specifically name the Italians, it is obvious he means Italians.

Men who, in the Old World have been paid twenty-five cents per day and have kept body and soul together on a starvation diet, work on our railroads and do other low-grade work. As they live in shanties, on the coarsest of fare and rear their children in dense ignorance, Americans, unaccustomed to such living cannot compete with them, and are driven to the wall. They hoard their gains, with the idea of returning to their mother country. They refuse to learn English and are vicious and hard to control.

While most Oswegonians, be they Irish, German, or English, were referred to by their proper names in the newspaper, Italians were often referred to as *an Italian*, as if that was all the explanation needed to justify bad behavior or crime. An article titled "Fair Play for Italians" in the May 13, 1914, *Oswego Daily Times* exemplifies this:

The Italian criminal is always certain of receiving the honor of the first page and the conspicuous headline together with the designation "Italian." In fact, the press seems to be very anxious that the reader be aware that a certain man is an Italian any time he transgresses the law. The same anxiety we fail to notice where a criminal of any other nationality is concerned.

Examples from the Oswego newspapers highlight this:

. . . an Italian, keeping a shoe store at No. 75 West Utica Street, was arraigned before Recorder Bulger today upon a charge of sell-

. . . un italiano, che gestiva un negozio di scarpe a No. 75 West Utica Street, è comparso davanti al Giudice Bulger oggi per aver venduto sigarette a un ragazzino . . . *Oswego Daily Palladium*, 29 Novembre 1892.

Il 19 luglio 1902, l'*Oswego Daily Times* pubblicò un articolo nel quale vi erano pochi fatti reali, il cui scopo era quello di alimentare le tensioni tra i lavoratori locali e gli italiani.

Si temono disordini tra gli italiani portati qui da *Battle Island Pulp Paper Mills Company* e i lavoratori portuali locali. I portuali sostengono che gli italiani siano armati . . .

Fred Candall, proprietario del negozio *Peeble's*, ha dato grande prova di coraggio nel fermare un cavallo imbizzarrito oggi, che mentre attraversava il ponte è scappato sul marciapiede mettendo in serio pericolo le vite dei passanti. Apparteneva a un fruttiven-dolo italiano ambulante. *Oswego Daily Times*, 27 Novembre 1909

Un giovinastro, figlio di italiani dell'East Side, si è rotto il braccio stamattina giocando vicino al parco dell'East side. *Oswego Daily Times*, 1916

Martin Kruppa, impiegato del cotonificio, è comparso in tribu-nale stamattina, accusato di violenze da parte di una ragazza ita-liana . . . *Oswego Daily Times*, 1916

Negli ambienti della polizia si dice sia stato Cammello, l'italiano, a sparare . . . *Oswego Daily Times*, 18 Luglio 1905

Rocco Petro, un italiano, si è dichiarato colpevole per aver infranto la Legge dello Stato.*Oswego Daily Times*, 17 Ottobre 1919

ing cigarettes to a boy ...
Oswego Daily Palladium, November 29, 1892

On July 19, 1902, the *Oswego Daily Times* printed an article with few hard facts, meant to stir up bad feelings between local workers and Italians.

Trouble is feared between Italians imported by the Battle Island Pulp Paper Mills Company and local longshore men. The longshoremen claim that the Italians are armed ...

Some other examples from the *Oswego Daily Times*:

Fred Candall, salesman at Peeble's store, made a fine stop of a runaway horse today, which in crossing the bridge took to the sidewalk endangering the lives of pedestrians. It belonged to an Italian fruit vendor.
November 27, 1909

A youngster, a son of an east side Italian, suffered a broken arm this morning while playing near the East side playgrounds.
1916

Martin Kruppa, an employee of the Yarn Mill, was in police court this morning, charged with assault by an Italian girl ...
November 5, 1919

It is reported in police circles that Cammello, the Italian, who did the shooting ...
July 18, 1905

Rocco Petro, an Italian, pleaded guilty to the charge of violation of the State Conservation Law ...
October 17, 1919

"L'Italiano" era usato anche per etichettare brava gente , come

La signora Ida Ray, moglie di Joseph Ray, il negoziante italiano, banchiere e editore di Syracuse, è tornata dalla sua visita a New York *Oswego Daily Times,* 7 Agosto 1907

Quando John Lapetino, il vice sceriffo italiano, ha aperto la porta di casa stamane, ha trovato una scatola di coltelli facente parte di un carico rubato dal vagone merci dell' *Ontario and Western.* *Oswego Daily Times,* 17 Novembre 1907

E a volte "italiano" era usato per spiegare quanto era spiacevole una determinata cosa.

La locusta botanica è un fagiolo, ripieno di miele, dal sapore per niente spiacevole. L'albero è un labirinto di pericolose spine, come punteruoli italiani . . . *Oswego Daily Times,* 4 Giugno 1906

Tuttavia, in rare occasioni negli articoli di giornale si poteva parlare anche del duro lavoro portato avanti dagli italiani.

. . . stranieri intelligenti che arrivano in America ben presto apprendono i nostri costumi e come fare il lavoro di due giorni in uno solo. Chi ha osservato gli italiani dice che quando arrivano in America sono lenti e retrogradi, ma imparano presto a lavorare e diventano eccellenti operi. *Oswego Daily Palladium,* 10 Agosto 1892

Quando non venivano chiamati "l'italiano" gli eoliani erano chiamati *"Dago"* o *"Wop"* come dimostrano questi articoli riprodotti in un giornale di Oswego.

"The Italian" was also used as a label for ordinary good folks, such as:

Mrs. Ida Ray, wife of Joseph Ray, the Italian storekeeper, banker and publisher of Syracuse, has returned from a visit to New York.
Oswego Daily Times, August 7, 1907

When John Lapetino, the Italian deputy sheriff, opened his front door this morning, he found a box of knives on his porch, part of a shipment stolen from an Ontario and Western freight car.
Oswego Daily Times, November 17, 1917

And sometimes "Italian" was used to explain how unsavory an item could be:

The botanical locust is a bean, filled with honey, and not badly flavored at that. The tree is a maze of dangerous thorns, like Italian stilettos . . .
Oswego Daily Times, June 4, 1906

However, an occasional newspaper article did discuss the dedication and hard work done by Italian immigrants.

. . . Intelligent foreigners coming to America soon catch our ways and learn how to do almost the work of two days in one. A man who has studied the Italians says that when these men first come to America they are slow and awkward, but they presently learn how to work and develop into excellent workmen.
Oswego Daily Palladium, August 10, 1892

When they weren't being referred to as "the Italian," the Eoliani were sometimes called "dagos" or "wops," as illustrated by these articles reprinted in one of the Oswego newspapers.

Beh, c'è un *Dago* che ha una bancarella all'angolo della mia strada, e mi fa uno sconto sulle noccioline. *Philadelphia Ledger,* 19 Luglio 1907

Il capo della polizia Sager se l'è vista brutta stamattina. Due italiani si stavano esibendo a Main Street con un orso ammaestrato, che ha spaventato un cavallo. Una denuncia è stata presentata alla sede della polizia e il capo ha proceduto ad arrestare i disturbatori. Ha ordinato loro di andarsene minacciando di arrestarli se non lo avessero fatto. Al loro rifiuto l'ufficiale ne ha preso uno per il braccio dicendo che lo avrebbe fatto rinchiudere. Il *dago* ha opposto resistenza e il capo ha uscito il suo revolver per sparare all'orso. L'animale lo ha aggredito e lui lo ha scansato. Ha chiamato la folla ad aiutarlo, ma nessuno si è fatto avanti. Gli italiani e l'orso sono scappati. *Cortland Standard,* 16 Maggio 1864.

La poesia *Two American Men* - Due Uomini Americani- immagina un dialogo tra un irlandese e un italiano. Fu pubblicato nel *Catholic Standard* e nell' *Oswego Times* il 2 Dicembre 1907. La poesia composta da T. A. Daly, descrive i progressi fatti da due persone che stanno imparando ad andare d'accordo, e per il giornale di Oswego rappresentava un passo necessario dopo così tanta negatività sugli italiani spalmata sulle sue pagine negli anni precedenti.

"DUE AMERICANI"
Grosso poliziotto irlandese che cammina
accanto a questa bancarella di noccioline
Le prime due, tre volte che ci siamo visti
Mi chiamava "Dagoman"
E quando mi vedeva arrabbiato
Era contento.
Un giorno mi ha detto "Che c'è?
Non ti piace il nome 'Dago'?"
"Sai, è un nome americano, significa italiano,

Well, there's a Dago has a stand on my corner, and he gives a discount on peanuts.
Philadelphia Ledger, July 19, 1907

Chief of Police Sager had a very narrow escape this morning. Two Italians were giving an exhibition in Main Street with a trained bear, which frightened a horse. A complaint was entered at headquarters and chief proceeded to arrest the disturbers. He ordered them to disperse and threatened to arrest them if they did not. They refused to go and the officer took hold of one of the men and told him he was going to lock him up. The dago resisted, and the chief drew his revolver to shoot the bear. The animal, however, made for him and he got out to the way at once. He called on the crowd to assist him, but as no one volunteered, the Italians and bear got away.
Cortland Standard, May 16, 1894

The poem "Two American Men" is an exchange between an Irish man and an Italian man. It was printed in the *Catholic Standard* and the *Oswego Daily Times* on December 21, 1907. The poem, by T. A. Daly, shows some progress in people from two backgrounds trying to learn to get along. The poem was an appropriate measure for the Oswego newspaper to take, after so much negativity about Italians had been splashed on its pages in earlier years.

> *Beeg Irish cop dat walk hees beat*
> *By dees peanutta stan',*
> *First two, t'ree week w'en we are meet*
> *Ees call me "Dagoman."*
> *An' w'en he see how mad I get,*
> *Wheech eesa please heem, too.*
> *Wan day he say: "W'ats matter dat,*
> *Ain't 'Dago' name for you?'*

Non c'è niente di male a chiamarti così,
Perché ce l'hai con me?"
La prima volta che mi ha detto così
Ero troppo arrabbiato per rispondergli
Ma la seconda gli dissi
"Ok, Mister Mick"
"O Mamma! Mai avevo sentito parolacce
come quelle che mi ha detto lui:
E non mi ha guardato nemmeno
Per due o tre giorni
Ma presto l'ho visto di nuovo
Quel poliziotto grande e grosso
Mi ha sorriso e mi ha detto
"Ciao Italiano!
Non mi dire che non ti va bene
Neanche questo nome"
Gli ho sorriso e gli ho detto
"No, Irlandese, è vero"
"Ha! Joe" gridò "che pensi
Che dovremmo chiamarti Americano?"
"Per me va bene" gli dissi
"Se è quello che sei tu, Dan"
Così ora, tutte le volte che ci parliamo
Da bravi americani:
Mi dice "Buongiorno, Joe"
E io "Buongiorno, Dan".

Anche se le relazioni tra italiani e irlandesi pian piano iniziavano a migliorare, l'arrivo della Mano Nera a Oswego all'inizio del 1900 promosse ulteriori discriminazioni nei confronti degli italiani, minacciando di mandare all'aria i progressi fatti fino a quel momento. La Mano Nera si occupava di rapine, estorsioni, incendi dolosi, esplosivi, rapimenti e persino assassini nelle comunità italiane più numerose, in

Dat's 'Merican name, you know, for man from Italy;
Eet ees no harm for call you so,
Den why be mad weeth me?"
First time he talks deesa way
I am too mad for speak,
But nexta time I justa say,
"All righta, Meester Meeck."
O! my, I nevva hear before
Sooch langwadge like he say;
An' he don't look at me no more
For mebbe two, three day.
But pretta soon agen I see
Dees beeg poleecaman,
Dat com' an' smile an' say to me,
"Hello, Italian!
Now, mebbe so you gon' deny
Dat dat'sa name for you."
I smila back an' mak' reply;
"No, Irish, dat'sa true."
"Ha! Joe," he cry, "You theenk dat we
Should call you 'Merican?'
"Dat's gooda 'nough," I say, "for me,
Eef dat's w'at you are, Dan."
So now all times we speaka so
Like gooda 'Merican:
He say to me, "Good morna, Joe"
I say, "Good morna, Dan."

Even as relations between the Italians and the Irish were starting to improve, an appearance of the Black Hand in Oswego in the early 1900s added to the discrimination against Italians and threatened to take these relations a step backward. The Black Hand, or *La Mano Nera*, focused on robberies, extortion, arson, bombings, kidnappings, and even mur-

particolare a New York, New Jersey, Boston, Chicago e New Orleans. I Siciliani e gli immigrati del sud Italia erano visti come gli elementi chiave all'interno di questa organizzazione. I membri alla Mano Nera si presentavano nelle case e nei negozi a riscuotere il pizzo. Quando le vittime non pagavano ricevevano lettere di minaccia con disegni a inchiostro nero raffiguranti coltelli grondanti di sangue, pistole fumanti, teschi e cappi. Queste immagini erano viste come sufficienti a intimidire gli immigrati spesso analfabeti. *The Sun* di Pittsburgh, pubblicò il 27 Luglio 1911 una foto con un articolo che raccontavano della scuola dove venivano insegnate le tecniche della Mano Nera. Situata a Clay Alley, nel Lower Hill District, una zona italiana di Pittsburgh, qui ai giovani si insegnava a uccidere per conto della Mano Nera con lo stiletto. Durante un blitz della polizia vennero trovati un fantoccio, usato per far pratica di assassinii, e disegni di cuori sanguinanti trafitti da pugnali. Questi appartenenti alla Mano Nera spesso viaggiavano in altre città per mettere in pratica le loro tecniche intimidatorie. Mentre le gang della Mano Nera nelle grandi città americane sembravano essere abbastanza ben organizzate, quelli delle località più piccole come ad esempio Oswego erano probabilmente formate da piccoli delinquenti che cercavano di sfruttare il timore che poteva suscitare il nome della Mano Nera. Imitavano la Mano Nera. Ci furono vari casi che fecero notizia a Oswego.

Nel Settembre 1904 l'*Oswego Palladium* riportò la notizia che "Mike" Mitchell, pulitore di scarpe italiano, era stato minacciato dalla Mano Nera, che voleva estorcergli $500. Qualche mese prima, ad Aprile, un articolo sull' *Oswego Daily Times* aveva raccontato che aveva nel conto in banca tra i $2000 e gli $8000, rendendolo un facile obiettivo per i criminali. Mr Mitchell era un uomo popolare e aveva molti amici sia tra gli italiani che all'interno della più vasta comunità di Oswego. Dichiarò al giornale che il direttore della posta e la polizia gli avevano riferito di non poter fare granché, ma il magistrato L. W. Baker avrebbe indagato sulla faccenda. Mr Micthell credeva che probabilmente qualcun altro voleva soffiargli l'angolo di strada per fare affari, ma che lui non sarebbe

der within larger Italian communities, most notably in New York, New Jersey, Boston, Chicago, and New Orleans. Italians from Sicily and the south were seen as the criminal element involved in Black Hand activities. Men involved in the Black Hand would visit businesses and homes to make their demands for protection money. When demands failed they often sent threatening letters using black ink drawings depicting knives dripping with blood, smoking guns, skulls and crossbones, or nooses. These pictures were seen as an effective way to communicate with and intimidate immigrants, who often couldn't read.

The *Pittsburg Sun*, July 27, 1911, carried a photo and article of a clandestine school for teaching Black Hand techniques. Located in Clay Alley in the Lower Hill District, an Italian area of Pittsburgh, young men were taught to kill for the Black Hand with the stiletto. When police raided the room, they found a dummy used to practice assassinations and drawings of bleeding hearts with daggers thrust through them. These Black Hand practitioners often traveled to other cities to use their intimidation skills. While the Black Hand gangs in the big American cities seemed to be somewhat organized, the appearances made in many smaller communities, like Oswego, were probably just small-time thugs trying to get mileage out of the fear the Black Hand name carried. They were Black Hand impersonators. Several notable Black Hand cases made headlines in Oswego.

In September 1904, the *Oswego Palladium* reported that "Mike" Mitchell, the Italian shoe shiner, was threatened by the Black Hand, who demanded $500 from him. Earlier in April, a news article in the *Oswego Daily Times* had reported Mr. Mitchell had a bank account of between $2,000 and $8,000, thus making him a good target for extortion. Mr. Mitchell was a popular man and had many friends in both the Italian and wider Oswego community. He told the newspaper that the postmaster and police said they couldn't do much, but attorney L. W. Baker was going to look into the matter. Mr. Mitchell said perhaps someone else wanted his corner of business, but he wasn't going anywhere. The Italian community was very interested in what would happen, but noth-

andato proprio da nessuna parte. La comunità italiana aspettava di vedere come sarebbe andata a finire, ma le minacce non ebbero alcun seguito. Molti temevano i criminali e per questo non si facevano avanti a testimoniare, ma il fatto che la tentata estorsione fu denunciata alla polizia potrebbe aver incoraggiato altri a ribellarsi contro la Mano Nera.

Nel 1908 Mr Lawrence J. Richardson, non un italiano, ma uno degli uomini d'affari più ricchi di Oswego e proprietario del teatro Richardson, ricevette una lettera nella quale gli si intimava di lasciare l'enorme somma di $50.000 vicino a una delle chiese locali. Mr Richardson girò la lettera alla polizia e ai detective di Pinkerton. Una guardia fu piazzata davanti alla sua casa. In seguito si pensò che le lettere fossero state scritte da un certo Dan Nobles, noto rapinatore di banche, piuttosto che dalla Mano Nera.

Gli "imitatori" della Mano Nera apparvero nuovamente nel caso di estorsione che coinvolse due membri molto rispettati della comunità italiana: Gaetano D'Alia, nativo di Stromboli e proprietario di un negozio di alimentari italiani, e Rosario D'Angelo, proprietario di una pasticceria, che faceva anche da interprete. Quello che segue è un estratto dell'*Oswego Daily Times* del 10 Marzo 1910.

Il signor D'Alia fu il primo testimone di ciò che gli accadde e la sua testimonianza è stata resa con l'aiuto di Joseph Marshall, interprete. Ha chiesto $5000 di danni al Signor D'Angelo per carcerazione arbitraria and calunnia. Nella sua denuncia, sostiene che nel Dicembre del 1908, D'Angelo lo abbia fatto arrestare con l'accusa di avergli fatto recapitare una lettera nel quale gli si ordinava di pagare un uomo che lo avrebbe incontrato davanti al suo (di D'Angelo) negozio in un determinato giorno. Il signor D'Alia nega di aver scritto la lettera e dichiara che i suoi affari abbiano risentito di questa storia in quanto i suoi compaesani, che si oppongono a cose come la Mano Nera, lo abbiano isolato.

Durante il processo, D'Alia chiese di utilizzare John Lapetino come grafologo per esaminare la lettera. Tuttavia la corte sostenne che ciò

ing came of the threat. Although there were many who feared the criminals and were afraid to speak out, the fact that the extortion attempt was reported to the police may have paved the way for others to stand up to the Black Hand.

In 1908, Mr. Lawrence J. Richardson—not an Italian, but the wealthiest Oswego businessman and owner of the Richardson Theater—received a threatening letter directing him to place the huge sum of $50,000 near one of the local churches. Mr. Richardson turned the letter over to the police and Pinkerton detectives. A guard was posted at his home. It was later thought the letters came from a Mr. Dan Nobles, a noted bank robber, rather than the Black Hand. The letters ceased, and no harm was done.

Another appearance of the Black Hand impersonators seems to have involved an extortion case between two respected members of the Italian community, Stromboli native Gaetano D'Alia, owner of an Italian grocery store, and Rosario D'Angelo, owner of a confectionary store, who also served as a local interpreter for the Italian community. Below is an excerpt from the *Oswego Daily Times,* March 10, 1910.

Mr. D'Alia was the first witness on his own behalf and his testimony was taken through Joseph Marshall as interpreter. He is suing Mr. D'Angelo for $5,000 for alleged false arrest and malicious prosecution. In his complaint, he alleges that in December 1908, Mr. D'Angelo had him arrested on the charge of sending him a threatening letter through the mail, the letter demanding that he pay a man who would meet him in front of his (D'Angelo's) store on a date named in the letter. Mr. D'Alia on the stand denied writing the letter in question and claimed that his business had been damaged since his arrest as many of his fellow countrymen, who are opposed to such things as the Black Hand, had shunned him.

As the trial proceeded, D'Alia asked to have Mr. John Lapetino as a handwriting expert examine the letter. However, the court said his

non era necessario poiché un testimone aveva visto la lettera e aveva dichiarato di non riconoscere la grafia di D'Alia. É interessante notare che nel Dicembre 1910 D'Angelo fece domanda di bancarotta. Era in debito di $2039.

Nel 1912 un altro membro rispettato della comunità italiana di Oswego, Alfred "Alfie" D'Amico, ricevette una lettera della Mano Nera, che chiamò uno "scherzo," sostenendo che la pubblicità gli aveva dato "molte noie". La richiesta di $30.000 era probabilmente la più alta fatta agli italiani di Oswego. D'Amico si rifiutò di pagare e, a differenza degli italiani di altre comunità, decise di chiedere l'aiuto delle autorità per liberarsi della minaccia della Mano Nera. Con l'ausilio del magistrato distrettuale F. D. Culkin, i colpevoli furono portati davanti alla giustizia. D.A. Culkin si prese la briga di perseguire tutti gli altri criminali italiani della Contea di Oswego che vennero mandati in galera o deportati.

Nell'estate del 1915, la Mano Nera alzò di nuovo la cresta a Oswego, stavolta ai danni di Joseph Cosentino, nipote del liparoto Bartolo Famularo. A Cosentino fu intimato di lasciare $1000 sotto un albero all'angolo tra West Utica e First Avenue. Come Alfred D'Amico, Joseph Cosentino girò la lettera incriminata all'ufficio del magistrato distrettuale. A differenza dei casi precedenti, le lettere della Mano Nera continuarono e alla fine venne piazzato un ordigno davanti al portone di Cosentino. Non ci furono feriti ma ci fu qualche danno e shock per la famiglia e il vicinato. Lo sdegno della comunità italiana fu totale per questo atto di violenza senza precedenti contro uno di loro e fecero sentire la loro condanna nei confronti delle attività della Mano Nera. Il direttore della ufficio postale di Oswego notificò Washington D. C. delle minacce che venivano recapitate tramite il Servizio postale americano e la polizia locale fu affiancata dall'FBI nella caccia ai criminali. Dopo una ricerca nazionale e internazionale vennero arrestati tre uomini, poi processati nel tribunale di Oswego nel 1916. Un grafologo aiutò a condannare Mariano Pagone, Tony Pasco e Colegero Taina. Il giudice Francis D. Culkin, che aveva già indagato nei casi D'Amico e Cosen-

services were not needed as a number of witnesses examined the letter and proclaimed it was not D'Alia's handwriting. It is interesting to note that in December 1910, Mr. D'Angelo filed for bankruptcy. He was in debt for $2,039.

In 1912, another respected member of the Oswego Italian community, Alfred "Allie" D'Amico, received a Black Hand letter, which he called "a joke" and said the publicity caused him "much annoyance." The demand of $30,000 was probably the biggest extortion attempt ever faced by Oswego Italians. D'Amico refused the demand and, unlike the fearful Italians in some other communities, he decided to enlist the aid of the authorities to help rid the community of the Black Hand threats. With the assistance of District Attorney F. D. Culkin, his tormentors were brought to justice. D. A. Culkin made it his duty to prosecute all other Italian criminals in Oswego County, who then were jailed or deported.

In the summer of 1915, the Black Hand reared its intimidating head in Oswego again, this time involving prominent Italian fruit dealer Joseph Cosentino, who was the nephew of Lipari native Bartolo Famularo. Cosentino was instructed to place $1,000 under a tree at the corner of West Utica and First Avenue. Like Alfred D'Amico, Joseph Cosentino turned the threatening letter over to the district attorney's office. Unlike earlier cases, threatening Black Hand letters continued and eventually a bomb was planted on the front porch of the Cosentino home. No one was injured but it caused a bit of damage and was distressing to the family and neighborhood. The Italian community was outraged by this brazen act of violence against one of their own and let it be known they did not condone the Black Hand's activities. The Oswego Postmaster notified Washington, D. C., about the threats using the United States Postal Service and the FBI joined the Oswego Police to find the criminals. After a national and international hunt, three men were arrested and tried in an Oswego court in 1916. A handwriting expert helped to convict Mariano Pagone, Tony Pasco, and Colegero Taina.

tino, annunciò che gli italiani d Oswego avrebbero potuto incontrarsi al tribunale della città per formare una associazione al fine di estirpare ciò che restava della Mano Nera. Mr Culkin spiegò che i leader degli italiani ritenevano che questa organizzazione avrebbe scoraggiato altri elementi criminali dall'operare a Oswego. La verità era che gli eoliani non volevano avere niente a che vedere con la Mano Nera, né nelle isole, né a Oswego. Nel suo libro del 1974 *The Aeolian Islands*, Philip Ward dice "Le Isole Eolie stesse sono libere da Cosa Nostra". Gli italiani di Oswego furono sostenitori entusiasti di Mr Culkin e dei suoi sforzi per sconfiggere la Mano Nera.

Il numero enorme di italiani che arrivavano in America fu anch'esso causa di discriminazione diffusa. Da un lato gli italiani fornivano la forza lavoro necessaria per una nazione industriale in fase di crescita, ma erano temuti e odiati per molte ragioni. I giornali in tutto il paese erano pieni di articoli sugli immigrati italiani. La maggior parte di questi erano contro gli immigrati. Un editoriale particolarmente dal tono particolarmente spiacevole apparve sull'*Oswego Daily News* il 15 gennaio 1915. Sebbene l'autore, rimasto anonimo, non lo dica, è evidente che si riferisce agli italiani.

Il problema della immigrazione è diventato senza ombra di dubbio un problema serio, e dovrebbe essere preso ogni provvedimento possibile per proteggere i nostri cittadini dai criminali che sono arrivati in questo paese attraversando il mare . . . sono loro che organizzano e compiono gli atti criminali della Mano Nera . . . Non lavorano, ma intendono vivere sulle spalle dei loro compatrioti.

La discriminazione contro gli italiani sarebbe per certi aspetti rimasta fino alla Seconda Guerra Mondiale, ma nel 1920 i successi, la laboriosità e la dedizione dei eoliani, così come del resto degli italiani, iniziava a essere notata nei media di Oswego sempre più frequentemente. Stavano diventando parte integrante della città: avviavano imprese, scendevano in politica, diventavano cittadini, si univano alle squadre sportive, compravano case e vivevano il Sogno Americano.

D. A. Francis D. Culkin, who was on the D'Amico and Cosentino cases, announced that the Italian residents of Oswego would meet at the city courthouse to form an association to root out any remnants of the Black Hand. Mr. Culkin explained that Italian leaders thought such an organization would deter criminal elements from operating in Oswego. The truth was the Eoliani wanted nothing to do with Black Hand activities, either in the Islands or in Oswego. In his 1974 book *The Aeolian Islands*, Philip Ward states, "the Aeolian Islands themselves are free from the Cosa Nostra." The Oswego Italians were eager to support Mr. Culkin in his efforts to wipe out the Black Hand.

The enormous number of Italians coming to America was another cause for widespread discrimination. On the one hand, Italians provided the much-needed labor force for a growing industrial nation, but on the other hand, they were feared and despised for many reasons. Newspapers across the country were full of articles about Italian immigration. Most of the stories were against the immigrants. A particularly nasty anti-immigration editorial appeared in the *Oswego Daily News* on January 15, 1915. Although the anonymous author of the piece doesn't say so, he is obviously referring to Italians.

> The problem of immigration has become a very serious one beyond question, and every promotion should be taken to protect our citizens from the criminal element, which has come to this country from across the sea . . . they are the ones who organize and carry out crime through the Black Hand . . . They do not work but contrive to live off their countrymen.

Discrimination against Italians would remain to some extent right up to World War II, but by 1920, the accomplishments, industriousness, and commitment of the Eoliani, along with other Italians, were starting to be noted in the Oswego news quite frequently. They were becoming a part of the fabric of the city: starting businesses, becoming involved in politics, becoming citizens, joining sports teams, owning homes, and living the American Dream.

6. Una Nuova Scuola

Notò che si trattava di un uomo dai capelli scuri. Per lui, biondo è buono e bruno è cattivo. Mia madre una volta mi disse che quando era bambina i bimbi biondi erano considerati superiori a quelli scuri.
~Da *No Man's Nightingale* di Ruth Rendell

I primi immigrati eoliani, che venivano da una società contadina, non comprendevano a pieno l'importanza dell'istruzione. Preferivano portare avanti le tradizioni delle isole: i figli dovevano lavorare fuori casa per sostenere le famiglie numerose. Con il tempo però, si resero conto che andare a scuola era necessario affinché i figli si integrassero, diventassero competitivi con quelli degli altri gruppi etnici che stavano guadagnando successi e rispetto, avanzassero economicamente e facessero la differenza all'interno della loro comunità.

A Oswego gli immigrati italiani che vivevano nella zona est della città, dal lato "sbagliato" della ferrovia, erano spesso maltrattati da quelle autorità che avrebbero dovuto considerarli futuri cittadini, contribuenti ed elettori della città, nonché un elemento importante della crescente forza lavoro. La vicenda della *Second Ward School* dimostra la

6. The Case for a Local School

You noticed it was a dark man. In his book, good is fair and bad is dark.
My mother once told me that when she was a child, fair-haired children
were prized above dark ones.
~Ruth Rendell, *No Man's Nightingale*

The earliest Aeolian immigrants, having come from an agricultural environment, did not fully appreciate what an education could do for their children. They preferred to carry on the traditions of the Islands: they expected children to work in and outside of the home to help support the large families. Eventually though, they realized going to school was necessary if their children were to fit in, to compete with other ethnic groups who were gaining success and respect, to get ahead financially, and to make a difference in their community.

In Oswego, the Italian immigrants living on the east side of town, and on the wrong side of the tracks, were often kept down by the very city officials who should have been looking out for their newest constituents. The Eoliani were future citizens, tax payers, and voters in their city, and an important element in the growing local work force. The

pochezza di certi uomini al potere, la discriminazione contro gli italiani e la determinazione di questi ultimi a lavorare in un sistema e dare una scuola ai loro figli.

Il Second Ward di Oswego comprendeva l'area a nord di East Seneca Street fino al Lago Ontario, dal fiume Oswego al City Line. In questa zona si trovavano il Porto, Fort Ontario, la *Fitzgibbons Boiler Company* e il cimitero di St. Paul. Molti eoliani si stabilirono in pensioni a nord della ferrovia. Già nel 1877 il Signor Reynolds, membro del comitato per l'istruzione, dichiarò che novanta bambini residenti in zona frequentavano scuole di altri quartieri perché la quella locale non era sufficientemente grande ad accoglierli, sollecitando provvedimenti che permettessero loro di studiare nel Second Ward. La questione non fu sottoposto a discussione o votazione. Una scuola per i figli degli immigrati non era in cima alle priorità del comitato o della città. Ma a mezzogiorno del 31 Gennaio 1907, poco prima della pausa pranzo, scoppiò un incendio nello scantinato della Second Ward School. L'incendio, che distrusse l'edificio in legno costruito nel 1870, fu probabilmente dovuto ad una caldaia difettosa. A contribuire alla gravità dei danni fu sicuramente il fatto che mancasse la pressione nella pompa a Mitchell Street e che East Tenth Street fosse priva di idranti. Altre zone della città erano dotate di idranti adeguati, ma il quartiere degli immigrati era poco protetto. Il sovrintendente per le scuole, Mr Bullis, progettò di riaprire la più antica Second Ward School, situata a East Ninth e Seneca, per poter ospitare gli alunni più piccoli. Ma questa poteva essere solo una soluzione temporanea, e l'occasione sembrò giusta per costruire una scuola nuova per far fronte ai bisogni crescenti della popolazione, anche italiana, di quel quartiere.

Meno di due mesi dopo, nel Marzo 1907, durante un incontro al municipio, vennero ufficialmente visionati i progetti per una nuova scuola nel Second Ward. Uno di questi prevedeva la costruzione di un edificio a quattro stanze e due piani all'angolo tra East Tenth e Mitchell Street dotato di moderni impianti idrici e di riscaldamento, una stanza

case of the Second Ward School illustrates the pettiness of certain men in power, the discrimination against Italians, and the determination of the Italians to work within the system to have a local school for their children.

Oswego's Second Ward encompassed an area of the land north of East Seneca Street to Lake Ontario, starting from the Oswego River to the city line. The ward included the Port Authority, Fort Ontario, Fitzgibbons Boiler Company, and St. Paul's Cemetery. Many of the Eoliani settled in boarding houses on the north side of the railroad tracks in this ward. As early as 1877, Mr. Reynolds, a Board of Education member, stated almost 90 children living in this area were attending schools in other wards because the local school was not large enough. He suggested that accommodation should be made for these children in the Second Ward School. The subject was tabled without discussion or vote. The matter of where immigrant children should go to school was not high on the agenda of the school board or the city. This would all change at noon on January 31, 1907. Just before the students were to be dismissed for lunch, fire was detected in the basement of the Second Ward School. A faulty furnace was the probable cause. It was a serious fire, which destroyed the dry wooden building that had been built in 1870. Part of the blame for the fire getting out of hand went to the lack of water pressure in the four-inch fire main at Mitchell Street and the fact that there was no fire hydrant on East Tenth Street. One must wonder why it was the ward where the immigrants lived that had little fire protection. In other areas of the city there were adequate fire hydrants. Superintendent of Schools Mr. Bullis made plans to reopen the older Second Ward School, which was located at East Ninth and Seneca, to house the younger students. But that could only be a temporary solution and it seemed like the perfect time to build a new school for the growing needs of the population, including the great number of Italians, in that ward.

Less than two months later, in March 1907, in a meeting held in the City Hall, plans for a new Second Ward School were informally discussed. The plans called for a four-room two-story school building to

dei giochi per le bambine, da utilizzare durante i giorni di pioggia, e una biblioteca.

Il 21 Marzo 1907 l'*Oswego Daily Times* riportò che un folto gruppo di genitori residenti a nord di Schuyler Street nel Second Ward, avevano partecipato ad un incontro con il dipartimento dell'istruzione. Avevano presentato, in questa occasione, una petizione firmata da tutti i residenti del quartiere, inclusi molti eoliani, nella quale si chiedeva di ricostruire la scuola di Mitchell Street. Così spiegavano la loro richiesta:

> Innanzitutto, perché i bambini, tra i cinque e i nove anni, sono costretti ad attraversare i binari della ferrovia quattro volte al giorno. In secondo luogo, perché devono portarsi dietro un pasto freddo per l'ora di pranzo. In terzo luogo, perché in molti di questi casi i genitori sarebbero costretti ad accompagnare i propri figli e quarto, perché l'85% dei bambini che frequentavano la scuola distrutta dall'incendio vivono a nord della ferrovia, a S c h u y l e r Street.

Al termine dell'incontro i membri del comitato per l'istruzione concordarono che la soluzione migliore fosse ricostruire la nuova scuola sul sito di quella distrutta dall'incendio.

Ai primi di Maggio, il sovrintendente Bullis presentò il progetto per un costo stimato tra i $12.000 (per una struttura in legno) e $15.000 per una più costosa struttura in mattoni. Avrebbero deciso i contribuenti. Per poter impiegare il fondo di $2.000 previsto per la riparazione nella costruzione di un nuovo edificio, si decise di presentare i progetti alle autorità di Albany affinché fossero approvati il più presto possibile. Una volta approvati si sarebbero potute indire le gare d'appalto. Ma l'11 Maggio 1907, nella sezione "Lettere dai cittadini" del giornale, una lettera firmata "Per il Bene più Grande del Numero Maggiore" sosteneva che si stavano raggirando i contribuenti nel costruire una nuova scuola nel Second Ward quando sarebbe stato meglio costruirla in una località più centrale. All'autore non piaceva l'idea del Second Ward per una serie di ragioni, incluso il fatto che

be built at the corner of East Tenth and Mitchell Streets. The school would have modern plumbing and heating. It would also have a girls' playroom to be used on rainy days and a library.

On March 21, 1907, the *Oswego Daily Times* reported a large delegation of parents living north of Schuyler Street in the Second Ward attended a meeting of the Department of Education. Here they presented a petition signed by everyone in the ward, including the many Eoliani, to rebuild the school on the Mitchell Street site. They gave the following reasons for their request:

> First, because of the great danger to children between the ages of five to nine crossing the railroad tracks four times a day as they are now compelled to do. Second, because of the fact they have to carry a cold lunch for the noon hour. Third, because in many instances of parents would be obliged to accompany their children, and Fourth, that fully 85 percent of the children who attended the burned school live north of the railroad tracks on Schuyler Street.

At the end of the meeting, members of the Board of Education agreed the best place for the new school would be on the site of the old school.

In early May, Superintendent Bullis presented plans with an estimated cost of $12,000 for a wooden structure, and for a more costly brick building for about $15,000. The taxpayers would have to decide. In order to be able to use $2,000 set aside in a repair fund towards the new construction, it was decided to submit plans to state officials in Albany for approval as soon as possible. After the approval, bids for construction could be requested. But on May 11, 1907, in the "Letters from the People" section of the newspaper, a writer who signed his letter "For the Greatest Good for the Greatest Number" declared the taxpayers were being duped into building the Second Ward School and that a new school should be more centrally located. He disliked the Second Ward location for a number of reasons, including the facts that there

a poca distanza vi fosse un *saloon* e che i bambini del Second Ward potevano facilmente raggiungere a piedi la *Fitzhugh Park School*. Suggerì inoltre che molti studenti della zona avrebbero potuto frequentare le scuole cattoliche di St. Paul e St. Louis. Ma la vera ragione per cui si opponeva alla costruzione della scuola nel Second Ward la spiega in queste righe, nel quale mostra una evidente antipatia nei confronti degli italiani:

> . . . i piccoli sono stretti intorno alla maestra in una minuscola aula, senza banchi, con libri e quaderni scomodamente poggiati sulle gambette. Perché? Perché tre membri del comitato per l'istruzione hanno deciso così. Prima i figli del "Dago", e i nostri bambini dovranno accontentarsi di ciò che resta.

A proposito del fatto che una delle ragioni per la costruzione della scuola nel Second Ward fosse l'attraversamento dei binari per arrivare a *Fizhugh Park* scrive:

> Inoltre, che diritto hanno i membri del comitato a costringere i piccoli alunni di scuola primaria a camminare per un miglio quando i bambini del Second Ward non possono spostarsi due isolati a sud, e quando gran parte di loro sono figli di stranieri?
> Quanti piccoli alunni di Padre Barry sono stati investiti da auto negli ultimi trent'anni? Neanche uno. Perché il comitato per il commercio o il Club delle madri o qualsiasi altra associazione non fa mettere dei cancelli o delle guardie ai binari?

Pur essendo vero che i bambini irlandesi e di altre famiglie frequentavano le scuole cattoliche, la maggior parte delle quali distavano un miglio, il numero crescente di abitanti nel Second Ward, incluse le famiglie eoliane, rendeva necessaria la presenza di una scuola sul posto.

Tre giorni più tardi, il 14 Maggio 1907, venne recapitata all' *Oswego Daily Palladium* una lettera anonima che lamentava lo spreco di denaro necessario a ricostruire la Second Ward School sul sito di quella vec-

was a saloon only one block away and that the children of the Second Ward could easily walk a few blocks to Fitzhugh Park School. He also suggested many students in the area could attend St. Paul's or St. Louis's Catholic schools. But his real reason for objecting to the building of the Second Ward School comes in these lines, in which he displays his obvious dislike of the Italians:

> . . . little ones are huddled with their teacher into a small recitation room without desks or arm rests, their little legs twisted in vain efforts to make a resting place for books and pads. Why? Because three members of the Board of Education willed it so. The "Dago" man's children first, our little ones may take anything that's left.

When one reason for building the Second Ward School is the fact that many children must cross the streets and railroad tracks to get to Fitzhugh Park, he says:

> Moreover, what right have the members of the Board to make the little Primary Children from that section walk over a mile when the children from the Second Ward cannot possibly walk two blocks further south, and the majority of them children of foreigners?
> How many of Father Barry's little tots were run over by the cars during the last thirty years? Not one. Why does not the Chamber of Commerce or the Mothers' Club, or any club see that the crossings are furnished with gates or watchmen . . . ?

While it might have been true that the Irish children and children of other established families attended the Catholic schools, both of which were a mile away, the growing number of people in the Second Ward, including the parents of the Eoliani, needed and wanted a local school.

Three days later on May 14, 1907, an anonymous letter was sent to the *Oswego Daily Palladium* protesting that it was not good business practice to spend the money needed to rebuild the Second Ward School

chia. In essa si argomentava che gli abitanti di Second Ward erano troppo pochi in un quartiere limitato da Fort Ontario, fabbriche di caldaie, aziende agricole e il Lago Ontario. L'editore del giornale sembrava essere d'accordo con l'autore della lettera.

Il dipartimento dell'istruzione decise di indagare sulla faccenda e decidere successivamente. Nel Marzo 1908 gli eoliani si unirono a quasi tutti i residenti dell'area a nord di Schuyler Street e quella al di là della linea ferroviaria nel Second Ward, firmando una petizione dove si chiedeva la ricostruzione della scuola del quartiere. La voce del popolo alla fine prevalse, e un anno dopo l'inizio delle discussioni formali, il comitato per la scuola si riunì nuovamente per decidere come raccogliere i fondi necessari a costruire una nuova scuola nel Second Ward.

Il 24 Maggio 1909, l'assessore John C. Moran intervenne durante una assemblea del dipartimento di istruzione promuovendo la ricostruzione della scuola sul sito di quella distrutta dall'incendio. Mr Morehouse, avvocato delle famiglie di immigrati della città, notò che la discussione fosse già andata troppo per le lunghe. Altri temi più pressanti, come quello dei fondi necessari a ricostruire il ponte, e la politica, avevano fatto accantonare la questione di una nuova scuola ma era giunto il momento di andare avanti. Era giunta l'ora di costruire una nuova scuola.

Abbiamo approfondito la vicenda e siamo giunti alla conclusione che ricostruire nello stesso luogo sia la soluzione migliore. In questa zona della città risiedono molte famiglie italiane e polacche con molti figli. Il compito del dipartimento è quello di favorire l'istruzione di quei bambini. La zona è in fase di espansione e sarebbe un grave errore abbandonare il sito di Mitchell Street.

Mr Morehouse spiegò che il pericolo dell'attraversamento dei binari, la lunga distanza da percorrere a piedi e il freddo dell'inverno rendevano necessario per gli immigrati una scuola più vicina.

on the same site as the school that had been destroyed by fire. The letter went on to say any new school should be built in a more central location. The argument was made that too few people lived in the Second Ward, which was bounded by Fort Ontario, boiler shops, farms, and Lake Ontario. The editors of the newspaper seemed to agree with the author of the letter.

The Department of Education took the matter under advisement and would decide later. In March 1908, the Eoliani joined nearly every other resident north of Schuyler Street and across the railroad tracks in the Second Ward, and signed a petition asking for the rebuilding of the neighborhood school. The voice of the people prevailed, and a year after the informal discussions had begun, the school board met again to discuss raising money for a new Second Ward School.

On May 24, 1909, Alderman John C. Moran addressed a Department of Education meeting urging the continuance of a school at the site of the burned Second Ward School. Mr. Morehouse, an advocate for the immigrant families of the city, agreed and felt the building of a new school had been discussed and debated for a long enough time. Other pressing matters, such as money needed for rebuilding the upper bridge, and politics, had put the question of a new school on hold for too long. Now was the time to move forward. It was time to build a modern school.

We have gone into the question very thoroughly and it seems expedient to rebuild on the old site. This school is in a section of the city where there are a large number of Italian and Polish families with many children. It is up to the department to furnish means of education for these children. I believe that this section is a growing one and that it would be a serious mistake to abandon the Mitchell Street site.

Mr. Morehouse went on to explain why the dangers of crossing the tracks, walking long distances, and coping with the harsh winters made a local school for the immigrant children a necessity.

Benché i residenti chiedessero a gran voce una nuova scuola, alcuni membri del consiglio municipale tentarono di opporre resistenza. l'assessore Goodwill dichiarò che la maggior parte della gente dell'East Side di Oswego non voleva una nuova scuola nel Second Ward, e che i fondi di cui il consiglio voleva appropriarsi erano illegali. Gli assessori Fingerhut e Moran criticarono le sue dichiarazioni, ma Goodwill non capiva perché il dipartimento di istruzione fosse così deciso a costruire una scuola da $12.000 a Mitchell e Tenth Street. Le vere ragioni per questa sua ferma opposizione nei confronti della scuola le espose però in un articolo apparso qualche giorno più tardi, il 26 Maggio, su un giornale. Goodwill commentò: "Ci sono negri da un lato e indesiderabili dall'altro e quella zona sta diventando una "cintura nera". La gente se ne sta andando da lì il più velocemente possibile".

A difesa degli italiani, che erano evidentemente le persone a cui Goodwill faceva riferimento, Moran si scusò per la scelta di parole di Goodwill e immaginò che fossero parole dette così, senza pensare. Il consiglio votò sulla questione e la decisione fu presa per cinque voti a uno, con l'assessore Goodwill unico contrario, e gli assessori Fitzgibbons e Wiley assenti.

Nonostante il voto per iniziare i lavori di costruzione della nuova scuola, i residenti di Second Ward non credevano ancora che una scuola si costruisse davvero. Nel Giugno 1909 una folla di persone partecipò ad una assemblea del comitato per la scuola del Second Ward a casa di William View a Mitchell e East Tenth Street. Il comitato era formato da dieci uomini e cinque donne con il compito di organizzare una campagna a sostegno della nuova scuola. Un secondo incontro del comitato si tenne poco tempo dopo sempre a casa di Mr View. I membri raccontarono di aver sollecitato la gente a votare a favore della proposta di costruire una scuola il 10 Giugno, e che avevano ricevuto da parte della comunità una risposta favorevole.

Il 19 Settembre 1910 la vecchia questione della scuola fu nuovamente sollevata durante un incontro del dipartimento di istruzione. Nella parte pubblica di quell'incontro, il Second Ward sollecitò la costruzione della nuova scuola. Tre membri del dipartimento erano favore-

Even though the residents almost unanimously were asking for a new school, some members of the Common Council tried to find ways to object. Alderman Goodwin stated most people on the east side of Oswego did not want a new school in the Second Ward and that the funds the Council wanted to appropriate were illegal. While Aldermen Fingerhut and Alderman Moran objected to his comments, Alderman Goodwin could not see why the Department of Education was so set upon putting a $12,000 school at Mitchell and Tenth Streets. He went on to show his real feelings for blocking the school by these words in a news article on May 26, a few days later. Alderman Goodwin said, "There are Negros on one side and undesirable people on the other and the place is becoming a black belt. People are moving away from there as fast as they can."

In defense of the Italians, who were the obvious people Alderman Goodwin was talking about, Alderman Moran expressed regret at Goodwin's choice of words and alluded that Goodwin was probably just speaking hastily without thinking. The Council put the matter to a vote and it was adopted 5 to 1 with Alderman Goodwin objecting, and Alderman Fitzgibbons and Alderman Wiley both absent.

In spite of the vote to move ahead to build a school, the residents of the Second Ward were still feeling a school would never be built. In June 1909, a crowd of people attended a meeting of the Second Ward School Committee at the home of William View at Mitchell and East Tenth Streets. The committee consisted of ten men and five women, and their job was to mount a campaign to gain support for a new school. A second meeting of the committee was held at Mr. View's home soon after. The committee members reported they had been calling people to vote for the proposition to build a school on June 10, and that they had an overwhelmingly favorable response from the community.

On September 19, 1910, the old question of building the school was brought up again at the Department of Education meeting. In the public hearing portion of the meeting, delegates representing the Second Ward urged that a new school should be built soon. Three members of

voli alla costruzione di una scuola grande a *Fitzhugh Park* piuttosto che alla ricostruzione della vecchia scuola nel Second Ward. L'ex assessore J. Moran fece notare, ancora una volta, la questione della sicurezza dei bambini. Far attraversare a dei bambini i binari quattro volte al giorno significava "corteggiare una catastrofe". John Lapetino, che aiutò molti eoliani a stabilirsi a Oswego e faceva da rappresentante agli italiani del Second Ward, fece domanda per accogliere nella nuova scuola quasi centocinquanta bambini.

Cinque mesi più tardi, nel Novembre 1910, il comitato per la scuola progettava di avviare le gare di appalto per i lavori. Tuttavia, nel Febbraio 1911, questi lavori non erano ancora iniziati. Non sembrava esserci fretta per la scuola dei bambini italiani. Il dipartimento di istruzione tenne una assemblea per decidere se affidare i lavori a Joseph Peno, ma si richiesero dei progetti più dettagliati. Il 5 Aprile dopo che la gara fu affidata a Mr Peno, Mr McLaughlin protestò "...contro l'assunzione di lavoratori italiani da parte dell'appaltatore per la *Second Ward School*, Joseph Peno, a scapito dei cittadini americani". Altre controversie circondarono la costruzione della scuola quando Mr Peno non fu pagato per il lavoro fatto, poiché le obbligazioni emesse per raccogliere i fondi necessari alla costruzione non erano stati approvati. A maggio Mr Peno aveva speso $6.000 di tasca propria per iniziare a costruire la scuola. Seguirono molti dibattiti all'interno dei membri del dipartimento provenienti da Oswego. Mr Morehouse dichiarò che il gruppo avrebbe dovuto vergognarsi di come stavano ritardando la costruzione di questa scuola così necessaria.

É una vergogna per questa città che la questione sia rinviata ancora privando così la gente di questa scuola così necessaria. La nostra città diventerà lo zimbello dello stato intero. Mr Peno ha accettato l'incarico in buona fede e ha continuato a eseguire i lavori spendendo i propri risparmi fino a indebitarsi.

the Department of Education favored building a big school at Fitzhugh Park rather than rebuilding a local school for the Second Ward. Former Alderman J. Moran again pointed out the same arguments about child safety in favor of the local school. Sending children across the tracks four times a day "was constantly courting a catastrophe." John Lapetino, who helped many Eoliani settle in Oswego and who represented the Italians who had lived in the Second Ward, put in a plea for the new local school to accommodate the nearly 150 children living in the area.

Five months later, in November 1910, the school board was planning to open up bids for the construction of the new school. However, in February 1911, the building of a Second Ward School was still not moving forward. There seemed to be no hurry in building a school for the Italian children. The Department of Education held a meeting to consider giving a construction contract to Joseph Peno, but they asked for more detailed plans. On April 5, after Mr. Peno had been awarded the contract, a Mr. McLaughlin protested ". . . against the reported employment of Italians by the contractor on the Second Ward School, Joseph Peno, to the exclusion of American citizens." More controversy surrounded the building of the school when Mr. Peno was not being paid for the work done, as school bonds to raise money for the project had not been passed. As of May, Mr. Peno had used $6,000 of his own money to begin construction of the school. Much discussion ensued among the Oswego Department members. Mr. Morehouse declared the group should be ashamed of the way they were holding up construction of the much-needed school.

> It is a shame and a reproach to this city that this matter should be put up and the people should be deprived of this much-needed school. Our city will be held up to disgrace before the whole State in this matter. It is Mr. Peno, who accepted this act in good faith and has gone on doing the building until his own money is exhausted and he has had to borrow it.

Il presidente del dipartimento per le scuole, Mr Burleigh, mise la questione delle obbligazioni al voto. Burleigh e Morehouse votarono sì, Hennessey e Maloney, entrambi irlandesi, votarono no. Mr Morehouse poi ebbe a dire "che era evidente che alcuni non volessero nuove scuole e una vergogna che non si potesse fare qualcosa". Ne seguì un acceso dibattito tra Mr Morehouse e Mr Hennessey, al quale prese parte anche Mr Maloney. La conclusione non fu amichevole.

Alla fine dell'incontro, Mr Peno presentò al dipartimento di istruzione una lettera:

Signori -

Le attuali condizioni mi hanno portato a prendere in prestito dei soldi a un interesse del sei percento per poter continuare i lavori della scuola; di conseguenza mi aspetto che mi vengano pagati interessi sugli ordini approvati dall'ispettore a partire dalla data di emissione. Poiché i lavori sono giunti a conclusione considero sia vostro dovere fare assicurare l'edificio.

Cordialmente,
Jos. B. Peno

Mr Peno dichiarò che aveva lavorato con la consapevolezza di essere pagato a completamento dei lavori, ma che dopo la riunione non era più sicuro di vedere i soldi. A questo punto la scuola era pronta a essere coperta con un tetto per proteggerla dagli elementi e dal pericolo di vandalismo da parte dei giovani del quartiere. Sottintese che se i soldi non fossero arrivati, avrebbe abbandonato il cantiere. Il dipartimento di istruzione decise di pagare $8000 di assicurazione per l'edificio e l'arredamento. A Luglio, Mr Peno dichiarò che i lavori proseguivano rapidamente e sarebbero stati completati ad agosto, anche se avrebbe dovuto continuare a utilizzare i suoi soldi.

Finalmente, a inizio anno scolastico il 23 ottobre 1911, furono posizionati banchi e sedie; la nuova scuola aprì i battenti nel Second Ward.

The School Department President, Mr. Burleigh, put the bond to a vote. Burleigh and Morehouse voted aye, Hennessey and Maloney, both Irish, voted nay. Mr. Morehouse then stated, "it was evident some people did not want new schools and it was a disgrace that something could not be done." A heated debate between Mr. Morehouse and Mr. Hennessy began and Mr. Maloney joined in. There was no amicable conclusion.

Following the meeting Mr. Peno submitted a letter to the Department of Education:

Dear Sirs –

On account of prevailing conditions it has been necessary for me to borrow money at 6 percent to carry on work on the school; consequently, I expect interest on orders OK'd by the inspector from date of issuance. As the building has attained sufficient completion I consider it your duty to have the building insured.

Yours Sincerely,
Jos. B. Peno

Mr. Peno stated he had been working in expectation of money to finish the school, but after the meeting he wasn't sure he would be paid. At this point the school was ready for the roof and he explained it shouldn't be left open to the elements. There was also danger of damage from boys in the neighborhood. He hinted that if money was not forthcoming, he might stop working on the school. The Department of Education resolved to provide $8,000 insurance on the building and furnishings. In July, Mr. Peno issued a statement that the work on the school was progressing rapidly and would be completed in August, even if he had to continue to use his own money.

Finally, at the start of the school year on October 23, 1911, the chairs and desks were in place; the new school was opened for the children of

Mr Peno che si era speso per la causa della gente del quartiere, ricevette $11.742 più $160,22 di interessi per l'acquisto dei materiali.

Ci erano voluti cinque anni per costruire una scuola nel Second Ward. La questione è: perché ci volle così tanto tempo? La risposta la si trova sepolta nella politica di Oswego del tempo: la paura, la sfiducia, persino l'odio nei confronti degli immigrati italiani da parte di altri cittadini e da parte anche dei potenti che avrebbero dovuto superare la meschinità di quegli argomenti. Il senso di vittoria che gli italiani provarono nel vedere quella nuova scuola per i loro figli diede loro il coraggio di uscire dall'isolamento del loro quartiere ed entrare a far parte del tessuto di Oswego. Avevano imparato una preziosa lezione di civiltà. Avevano conosciuto le assemblee pubbliche, le petizioni e la politica. Con questa nuova comprensione dei meccanismi democratici, e con la forza dei loro numeri, i residenti di Second Ward presentarono una petizione il 16 aprile 1913, nel quale si richiedeva un ufficio postale nel negozio di un eoliano, Gaetano D'Alia. La richiesta venne accettata. Lentamente, gli eoliani stavano uscendo dalle loro case per aiutare a costruire un nuovo capitolo nella storia di Oswego.

the Second Ward. Mr. Peno, who had remained dedicated to the people of the Second Ward, received $11,742 plus $160.22 on the interest he had to pay to borrow money for building materials.

It had taken five years to rebuild a desperately needed school in the Second Ward. The question is why did it take so long? The answer is buried in the politics of Oswego at the time: the fear, distrust, and even hatred of the Italian immigrants by other citizens, and by those in power who should have risen above the pettiness of it all. The triumph the Italians felt at seeing the new school for their children gave them the courage to come out of the seclusion of their neighborhood and begin to become a part of the fabric of Oswego. They had learned a valuable civics lesson. They had learned about public meetings, petitions, and politics. With this recent feeling of how democracy worked, and with the strength of numbers, the residents of the Second Ward presented a petition asking for a branch of the U. S. Post Office to be established at the store of one of the Eoliani, Gaetano D'Alia, on April 16, 1913. The branch post office was approved. Slowly the Eoliani were coming out of their homes and becoming involved in building a new chapter of Oswego's history.

The tracks at E. Tenth and Schuyler
courtesy of Izzy Vosseller

Second Ward School
Seconda scuola del reparto

141

7. La chiesa italiana

San Giuseppe era solo un uomo, un lavoratore instancabile, guardiano di chi gli è stato   affidato. Possa proteggere e illuminare sempre le famiglie.

⁓Papa Giovanni Paolo II

Ai primi del novecento le tensioni tra cattolici italiani e irlandesi erano alle stelle in tutte le città, grandi e piccole, degli Stati Uniti. La chiesa irlandese di Oswego era St. Paul. Era stata fondata nel 1830, molto tempo prima dell'arrivo degli eoliani. Gli irlandesi non amavano gli italiani perché in competizione con loro per case e lavoro. I primi immigrati eoliani, cattolici residenti nell'East Side della città, frequentavano in gran parte la chiesa irlandese su East Fifth street per ricevere i sacramenti. Vi erano in realtà diverse chiese cattoliche a Oswego, costruite da diversi gruppi etnici. La gran parte degli italiani, tuttavia, non parlava inglese e sentiva che le chiese cattoliche non venivano incontro ai loro bisogni. Non erano in grado di confidarsi con il sacerdote o fare una vera confessione. In primavera, a Pasqua, qualche sacer-

7. The Italian Church

Saint Joseph was a just man, a tireless worker, the upright guardian of those entrusted to his care. May he always guard, protect and enlighten families.

⁓Pope John Paul II

In the early 1900s tensions ran high between Italian Catholics and Irish Catholics in cities large and small across America. The Irish church in Oswego was St. Paul's. It had been established in 1830, long before the first Eoliani arrived in the city. The Irish disliked the Italians because they competed for housing and jobs. The early Aeolian immigrants, who were Roman Catholics and who lived on the east side of the city, mostly attended the Irish church on East Fifth Street to receive the sacraments. In fact, there were quite a number of Catholic churches in Oswego, built by various other ethnic groups. None would cater to the Italian traditions and language. Most new Italian immigrants could not speak English. They felt these Catholic churches were not meeting their needs. They were not able to confide in the priest or make a good confession. In the springtime, a few Italian-speaking priests would come to

dote italiano veniva mandato a Oswego dalle altre città dello stato di New York.

Mentre in altre parti d'America italiani del nord e siciliani non andavano d'accordo, a Oswego unirono le forze per assicurarsi una chiesa italiana. Già nel 1907 un giornale di Oswego scriveva che "gli italiani lottano per la costruzione di una chiesa italiana". Fu il vescovo Patrick A. Ludden, il primo vescovo della diocesi di Syracuse, a inviare un sacerdote a Oswego per sistemare la faccenda. Una possibilità era che gli italiani acquistassero la vecchia White School a West Mohawk Street per farvi una chiesa, ma la cosa non andò in porto. Nell'attesa di raccogliere i fondi per costruire una vera chiesa, presero in affitto Hennessey Hall a East First Street. La Domenica di Pasqua, il 4 Aprile 1915, venne celebrata la prima messa con Padre James F. Collins, sacerdote di St. Paul. Dai racconti pare che la chiesa improvvisata fosse gremita, e tra i cinquecento fedeli si raccolsero $184,30. La sala venne utilizzata per circa diciotto mesi, ma il vescovo Grimes era ansioso di dare alla comunità italiana di Oswego una chiesa tutta per sé, poiché già i polacchi, i francesi, i tedeschi e gli irlandesi avevano le loro.

Egli incaricò un sacerdote italiano, Padre Filomeno Geremia, di recarsi a Oswego e censire gli italiani. Molti eoliani, come Bartolo Famularo e Angelo Peluso, scortarono Padre Geremia in giro per la città. Trovarono circa 250 famiglie italiane residenti a Oswego. Quando Padre Geremia formò un comitato per trovare i fondi necessari alla costruzione di una nuova chiesa, chiamò gli eoliani, Anthony Galletta, Bartolo Famularo e Bartolo LaMuta. Un'assemblea di tutti gli italiani interessati si tenne presso la bottega di Angelo Peluso a East Ninth Street e Seneca Street. Il comitato voleva trovare una chiesa tra East Third e West Third affinché fosse facilmente raggiungibile per tutte le famiglie italiane della città. Venne presa la decisione di comprare un edificio nel West Side. Ne trovarono uno di proprietà della chiesa universalista a West Second Street. Vennero raccolti $3.000 per il rinnovo del locale. Molti imprenditori contribuirono al completamento della chiesa. Mr

Oswego from other New York towns. They administered the sacraments to the Italians, allowing the people to prepare for their Easter Duty. In addition to Easter time, an Italian priest would be invited to each church one other time during the year to administer the sacraments.

While in many areas of America the northern Italians and Sicilians didn't get along, in Oswego, they all joined forces in the matter of securing an Italian church. As early as 1907, the Oswego newspaper reported the "Italians are agitating the matter of forming an Italian church." It was Bishop Patrick A. Ludden, the first bishop of the Diocese of Syracuse, who gave some spiritual consolation to the Italians and agreed to send a priest to Oswego to sort things out. One possibility was for the Italians to purchase the old White School on West Mohawk Street to convert into a church, but this didn't happen. By 1914, the Italian population had grown to about 1,500. It was time for an Italian church. Before they had the money and plans to build a real church, they leased Hennessey Hall on East First Street. On Easter Sunday, April 4, 1915, the first Mass was held with Father James F. Collins, associate pastor of St. Paul's, officiating. By all accounts the makeshift church was crowded with about 500 people and there was a very generous collection totaling $184.30. The hall was used for about 18 months, but Bishop Grimes was anxious for the Oswego Italian community to have a church of its own, as the Polish, French, German, and Irish all had their own churches.

Bishop Grimes named an Italian priest, Father Filomeno Geremia, to go to Oswego to take a census of all Italians. Several Eoliani, including Bartolo Famularo and Angelo Peluso, escorted Father Geremia around the city. They determined about 250 Italian families were living in Oswego. When Father Geremia formed a committee to find funding and a site for a new church, he called on prominent Eoliani such as Anthony Galletta, Bartolo Famularo, and Bartolo LaMuta. A meeting of all interested Italians was held at the store of Angelo Peluso at East Ninth and Seneca Streets. The committee wanted to locate the new church between East Third and West Third, so it would be central to all of the city's Italian families.

P.J. Cullinan, direttore di una locale impresa di pompe funebri, donò il legname, una croce e dei candelabri per il nuovo altare, costruito da lui e da Padre Collins. Mr. George Benz, proprietario di un negozio di arredamento, donò la sedia per il sacerdote. Il sacerdote a St. Louis' Church sull'East Side donò un tabernacolo. Venne fornito un organo dal negozio di strumenti musicali e Andrew Heilig regalò la pittura. Nel Maggio 1915 si trovò una casa per Padre Geremia che in precedenza aveva alloggiato all'hotel Shay. Vennero "sistemate [delle camere] per lui nel Shapiro Block su East Fourth e Bridge Streets". Lo stesso mese, vari fiduciari della chiesa, incluso Angelo Peluso, si recarono con Padre Geremia dal vescovo di Syracuse per chiedere il riconoscimento ufficiale di St. Joseph. Da Syracuse arrivò Padre Diehl con la documentazione necessaria, certificati poi da un notaio e registrati all'ufficio del segretario comunale di Oswego. Finalmente, il 7 Settembre 1916, gli italiani di Oswego avevano fondato la loro chiesa, la parrocchia di St. Joseph, con Padre Geremia sacerdote, potendo così professare la loro fede come desideravano. La prima messa fu celebrata la sera di venerdì 29 Settembre 1916.

Il Natale è una festa importante in tutti i paesi cattolici e per tutte le classi sociali. Nessuno era più fedele alle tradizioni di quel giorno di festa quanto gli italiani. Mentre si preparavano per la celebrazione del primo Natale nella loro chiesa, ebbero la possibilità di organizzare molti altri eventi religiosi e sociali. La fondazione di una chiesa italiana unì i diversi italiani di Oswego. Erano fieri di essere italiani e ci fu un revival delle tradizioni del loro paese. Quel primo Natale del 1916 vennero celebrate tre messe. La prima fu alle cinque del mattino del giorno di Natale. Debuttarono un nuovo coro e un nuovo organista. Padre Geremia benedì il presepe con Gesù bambino, la Vergine Maria, San Giuseppe e gli animali. A casa il pranzo fu a base di carne speziata o maiale arrosto, maccheroni, vino fatto in casa, biscotti e dolcetti.

Su richiesta del vescovo Grimes, Padre Pio Parolin, mentore di molti giovani sacerdoti italiani della diocesi di Syracuse, assistette

A decision was made to buy property on the west side of the city. They found a suitable property owned by the Universalist Church on West Second Street. Pledges were made and about $3,000 was raised to renovate the building. A number of local businessmen helped to complete the church. Mr. P. J. Cullinan, a local funeral director, donated lumber, a cross, and candlesticks for the new altar built by himself and Father Collins. Mr. George Benz, who owned a furniture store, donated a chair for the priest. The priest at St. Louis's Church on the east side found a tabernacle. An organ was provided by Frank Schilling's music store and Andrew Heilig made a gift of paint for the new church. In May 1915, a home was found for Father Geremia, who was appointed as permanent pastor. He had been lodging at the Shay Hotel, but rooms were "fixed up for him in the Shapiro block on East Fourth and Bridge Streets."

In the same month several church trustees, including Angelo Peluso, went with Father Geremia to see the bishop in Syracuse to ask that St. Joseph's become incorporated. Father Diehl of Syracuse visited Oswego with the proper documents and they were notarized and filed with the Oswego City Clerk's office. Eventually, on September 7, 1916, the Oswego Italians founded their own church, St. Joseph's Parish, with Father Geremia as their priest. Finally, the Italians could practice their faith as they chose. The first Mass was held on Friday evening, September 29, 1916.

Christmas is a notable feast day in all Christian countries and among all classes of people. No nationality was more faithful to the traditions of the day than the Italians. As they prepared for the first Christmas in their new church, they were able to hold many more religious and social festivities. The establishment of an Italian church was unifying the people from all areas of Italy living in Oswego. There was great pride in being Italian and there was a revival in customs from the homeland. On this first Christmas in 1916, there were three Masses celebrated in the Italian language. One was on Christmas morning, beginning at 5 A.M. A new choir and organist made their premiers. Father Geremia blessed a Nativity scene with the Christ Child, Blessed Virgin, Joseph,

Padre Geremia nella fondazione della chiesa di Oswego. In un breve discorso, Padre Paolin, della parrocchia di St. Peter a Syracuse, si disse felicissimo di vedere che così tanti italiani fossero fedeli agli ideali americani e incoraggiò tutti a diventare cittadini statunitensi poiché "...avrebbero trovato nella cittadinanza americana grande rifugio di libertà e il diritto a vivere nel più grande e nobile paese del mondo". Un titolo nel giornale riportava: "Gli italiani hanno una bellissima chiesa".

Una cerimonia solenne segnò la posa di una pietra angolare sulla quale si leggeva la scritta "St. Joseph's Church. 1917" con sopra una croce. Padre Geremia preparò anche una iscrizione in latino all'interno della pietra:

Nell'anno del Signore 7 Luglio 1918, questa chiesa fu dedicata all'onore e la gloria di Dio; sotto l'auspicio di San Giuseppe, sposo della Beata Vergine Maria. Questo edificio fu acquistato nello stesso mese dello scorso anno, a Luglio, dalla congregazione Universalista. Sotto la vigilanza costante del Reverendo Filomeno Geremia e di due fiduciari Alfonso Damico e Angelo Peluso, e dei fedeli, fu trasformata e arredata secondo il credo Cattolico. Padre W. Liddy, segretario e delegato del vescovo, pose. In questo anno Benedetto XV, Sommo Pontefice, governa la Chiesa e Woodrow Wilson gli Stati Uniti.

I fedeli della parrocchia di St. Joseph spesso organizzavano eventi anche al di fuori della chiesa. Feste a base di gelato si tenevano all'angolo di East Ninth e Seneca street. Di solito presenziava anche una banda. Nell'estate del 1920, gli italiani tennero una sagra per raccogliere fondi per la nuova chiesa. La sagra, che si svolse a Richardson Park, ebbe grande successo con un guadagno pari a $2.125,16. Vi furono giochi, cibo, musica, balli e una lotteria a premi. I premi di cento anni fa erano sicuramente molto diversi rispetto a quelli che ci aspetteremmo oggi, ma danno un'idea di quel che

and animals. At home the Christmas meal consisted of spiced meat or roast pig, macaroni, homemade wine, cookies, and pastries.

At the request of Bishop Grimes, Father Pio Parolin, who was a mentor to many young Italian priests in the Syracuse Diocese, had assisted Father Geremia in establishing the church in Oswego. In a short speech, Father Parolin, from St. Peter's Catholic Church in Syracuse, stated he was delighted to see so many Italians were loyal Americans and urged everyone to become citizens of the United States because ". . . they would find in American citizenship the greatest refuge of freedom and the perfect right to live in the most grand and most noblest country in the world." A newspaper headline declared "The Italians Have a Handsome Church."

A solemn service marked the laying of a cornerstone, which read "St. Joseph's Church, 1917," with a cross above the inscription. Father Geremia also prepared a Latin inscription to go inside the stone. Translated, this read:

In the year of our Lord, July 7, 1918, this church was dedicated to the honor and glory of God; under the auspices of St. Joseph, spouse of the Blessed Virgin Mary. This building was bought last year in the same month, July, from the Universalist congregation. Under the assiduous vigilance of the Reverend Filomeno Geremia and also of the two trustees Alfonso Damico and Angelo Peluso, and the people of the church, it was changed to reflect elements in a Catholic church and decorated. Father W. Liddy, Bishop's secretary and delegate will lay the stone. In this year Benedict XV, Pontiff Maximum, ruled all the Church and Woodrow Wilson the United States.

The members of St. Joseph's Parish often held events in places other than the church. Ice cream socials were held at the corner of East Ninth and Seneca Streets. Socials usually included music provided by an Italian band. In the summer of 1920, the Italians held a church carnival to raise money for

veniva considerato, al tempo, di valore: una moneta d'oro da cinque dollari, donata da Bartolo LaMuta, un copriletto, un centrotavola, un orologio d'oro, un sapone, una croce con catenina d'oro, un lenzuolo ricamato all'uncinetto dalle parrocchiane, venticinque libbre di zucchero, carbone, un maiale, una capra, un prosciutto, mezzo barile di farina, un panciotto di seta, due polli e sei paia di calze di seta. Negli anni la sagra venne chiamata bazar e successivamente festival, e si tenne nel parcheggio della chiesa. Anche i premi cambiarono. Negli anni '70 e '80 venivano messi in palio contanti, TV, radio ed elettrodomestici. Il premio più ambito era una automobile nuova di zecca.

Tre anni dopo la sua fondazione, la parrocchia di St. Joseph cresceva. Nel suo rapporto annuale, Padre Geremia scrisse che la congregazione aveva raccolto $1.600 in più di quanto preventivato. Due statue nella chiesa avevano un posto d'onore. Una raffigurava San Rocco, venerato da molti italiani provenienti da Lazio e Campania e presenti in città. L'altra era una statua di San Bartolomeo, patrono e protettore delle Isole Eolie. Era uno dei dodici apostoli di Gesù. La festa di San Bartolomeo si celebra il 24 Agosto. Gli eoliani credono che fu ucciso, flagellato e crocifisso in Armenia, dove stava predicando. Nel luogo della sua morte avvennero dei miracoli, e i suoi resti furono posti in un cofanetto e gettati in mare. Questo cofanetto arrivò a galla a Lipari. Le sue reliquie, la pelle e le ossa sono conservate a Lipari nella cattedrale di San Bartolomeo. A Lipari si racconta che durante una tradizionale processione con la statua del santo fatta di argento e oro, questa divenne improvvisamente pesantissima. Gli uomini che la portavano in spalla furono costretti ad appoggiarla un attimo per potersi riposare. Quando tentarono di ricaricarsela scoprirono che non riuscivano più neanche ad alzarla tanto era diventata pesante. Proprio in quel momento, un muretto un po' più avanti crollò. La pesantezza della statua aveva fatto sì che la gente non ci fosse passata di sotto.

Un'altra storia narra di come i fascisti cercavano nuovi metodi per finanziare la guerra; ordinarono che la statua d'argento di San Bar-

the new church. The carnival, held in Richardson Park, was deemed a huge success with total receipts of $2,125.16. There were games of chance, food, music, dancing, and tickets sold to win prizes. The prizes of a hundred years ago were certainly a lot different than those donated today, and they offer an insight as to what was valuable then. A five-dollar gold piece was donated by Bartolo LaMuta. Other donations included a bedspread, a table centerpiece, a gold watch, a case of soap, a gold cross and chain, a fancy embroidered sheet made by women of the congregation, 25 pounds of sugar, a ton of coal, a pig, a goat, a ham, a half barrel of flour, a silk shirtwaist, a pair of chickens, and six pairs of silk stockings. Over the years the carnival was called a bazaar and later a festival, and it was held in the large church parking lot. The prizes changed too. By the 1970s and 1980s, the prizes were cash, TVs, radios, and appliances. New automobiles were the grand prizes.

Three years after its dedication, St. Joseph's Parish was growing. In the annual report, Father Geremia stated the congregation raised over $1,600 more than expected. Two statues held prominent places in the church. One was St. Rocco, in deference to the many Italians in the city from the provinces of Lazio and Campania. The other was a statue of *San Bartolomeo*, patron saint and protector of the Aeolian Islands. He was one of the twelve apostles of Jesus. *La Festa di San Bartolomeo* is August 24. The Eoliani traditionally believed he was killed, flayed, and crucified in Armenia, a place where he was preaching. Miracles occurred in the place where he died, and his remains were placed in a casket set adrift in the sea. It floated to Lipari. His relics, skin, and bones are preserved in Lipari in the Cathedral of San Bartolomeo. A tradition in Lipari was to parade the solid silver and gold statue through the town. One time the statue became very heavy and had to be set down. The men carrying the statue rested a while and they lifted it a second time. The statue seemed to be even heavier. They set it down to rest and picked it up once more. They barely managed to lift it, couldn't hold it, and had to put it down. Just as they set the statue down, a wall further downhill collapsed. The heaviness of the statue prevented the people from passing by the wall at that moment and being killed.

tolomeo fosse fusa, ma la statua pesava solo pochi grammi e non ne valse la pena. Con questo miracolo la statua si salvò e fu tornata alla cattedrale.

Alla fine degli anni '20, gli immigrati eoliani iniziavano a sentirsi a casa loro nella città di Oswego. Progettavano elaborate cerimonie in onore di San Bartolomeo. Ogni anno ad Agosto una processione della statua, accompagnata da una banda, prendeva il via da East Tenth e Mitchell Street, nel cuore del quartiere eoliano nel Second Ward, e sfilava in direzione della chiesa di St. Joseph nel West Side. L'esterno della chiesa veniva decorato con luci e bandierine rosse, bianche e verdi. Questa processione segnava l'inizio della sagra, che durava tre giorni. Un articolo pubblicato sull'Oswego Daily Palladium il 24 Agosto 1923, racconta l'orgoglio degli eoliani.

> Moltissimi nativi di Lipari risiedono adesso a Oswego, e il giorno sacro del buon San Bartolo, come viene affettuosamente chiamato, viene osservato con gratitudine e gioia . . . Alla processione parteciperanno la gente di Lipari e i loro familiari, insieme a varie organizzazioni di Oswego e Fulton. La statua del santo verrà portata a spalla, e Padre Geremia sfilerà con la sua gente fino alla chiesa dopo aver celebrato una funzione religiosa. Il percorso della parata si snoderà da East Tenth Street e Seneca Street fino al West Side e alle vie adiacenti la chiesa di St. Joseph.

Nell'Agosto del 1924, gli eoliani festeggiarono con due giornate di eventi e bazar per raccogliere fondi per un altare da dedicare a San Bartolomeo. Durante il fine settimana, la statua d'argento del santo venne portata dal negozio di Angelo Peluso all'angolo tra East Ninth e Seneca Street e poi giù lungo Bridge Street. Per il progetto vennero raccolti più di $1000.

Altro giorno di festa importante per la parrocchia era ovviamente il giorno di San Giuseppe. santo patrono della Chiesa Cattolica in

Another story tells how the Fascists looked for ways to finance the war; they ordered the silver statue of San Bartolomeo to be melted down. But the statue was weighed at only a few grams and not worth the trouble to melt it. The statue was saved by this miracle and it was returned to the cathedral.

By the early 1920s, the Aeolian immigrants were beginning to feel at home in the city of Oswego. They planned elaborate ceremonies to honor *San Bartolomeo*. Each August, a parade of the statue, accompanied by a band, began at East Tenth and Mitchell Streets, in the heart of the Eoliani neighborhood in the Second Ward, and processed to St. Joseph's Church on the west side. The outside of the church was decorated with brightly shining lights at night, and red, white, and green banners and flags in the daytime. This parade marked the beginning of the church carnival, which lasted for three days. Excerpts from the *Oswego Daily Palladium*, August 24, 1923, tell of the pride of the Eoliani:

> Scores of natives of Lipari are residents in Oswego now, and the hallowed day of good Saint Bartolo, as he is affectionately called, is observed with thanksgiving and joy . . . The procession will be taken part in by the Lipari folk and their kind, and, also by several societies from Oswego and Fulton. The statue of the Saint will be born aloft, and Father Geremia will march with his people into the church hall after a religious service. The route of the parade will be from East Tenth Street and Seneca to the West side and around the streets near St. Joseph's church.

In August 1924, the Eoliani held a two-day social event and bazaar to raise money for an altar dedicated to San Bartolomeo. During this weekend, the silver statue of the saint was paraded from Angelo Peluso's store at the corner of East Ninth and Seneca Streets, down Bridge Street and over the river, eventually finishing at St. Joseph's Church at West Second Street. Over $1,000 was raised for this project.

With strong ethnic roots in the Sicilian tradition, St. Joseph's Day was also time for a parish celebration. St. Joseph had become the patron saint

America nonché protettore della famiglia e dei lavoratori, particolarmente venerato in Sicilia per aver posto fine a una carestia secoli fa. Veniva celebrato con una novena in suo onore, una messa solenne e quaranta ore di devozioni. Le scuole parrocchiali rimanevano chiuse.

Nelle Isole Eolie la Festa di San Giuseppe, il 19 Marzo, è una occasione importante. Secondo la leggenda dei marinai che tornavano a Salina dalla Sicilia dovettero affrontare una terribile tempesta che quasi distrusse la loro barca. Pregarono San Giuseppe perché li riportasse a casa sani e salvi e quando giunsero in porto fecero una gran festa in suo onore. Fu un giorno di riposo per tutti. Si tenne una processione, e dopo la messa suonarono le campane, mentre all'esterno della chiesa si servì una minestra di ceci e fave. Oggi si festeggia con fuochi d'artificio, giggi, tipici biscotti eoliani di carnevale, fritti e serviti con vino cotto e zucchero, e vastidduzze, fatte con pasta di mandorle e uva passa. I primi immigrati eoliani e siciliani continuarono questa tradizione della festa di San Giuseppe.

Dopo un po', soprattutto per la sua prossimità con la festa di San Patrizio il 17 Marzo, la festa di San Giuseppe fu dimenticata a Oswego. Ma alcuni italiani si riappropriarono di quel giorno. Le celebrazioni ripresero nel 1977 per onorare le loro radici italoamericane e la rinnovata importanza dei valori familiari. Indossarono il colore rosso in onore del santo, e al municipio venne issata la bandiera italiana. La prima delle annuali cene di San Giuseppe si tenne al ristorante italiano Vona. In pochi anni l'evento ridivenne così popolare che dovette essere spostato al più grande Elks Club, e poi in Chiesa per poter accomodare ancora più persone. I festeggiamenti tipici per San Giuseppe a Oswego sono la cena tra parrocchiani, con musica, balli, discorsi e magari l'estrazione di premi. Di solito un membro della parrocchia o n sacerdote viene onorato per la sua dedizione alla chiesa. I Knights of Colombus spesso organizzavano una cena con balli.

Nel tempo un nuovo sacerdote decise di sostituire le statue nella chiesa di St. Joseph con quelle della Beata Vergine Maria e di San

of the Catholic Church in America, and the new Italian church in Oswego quickly formed a St. Joseph's Society. St. Joseph is the protector of the family and the worker and he was given credit for ending a famine in Sicily centuries ago. In some years, a novena in honor of St. Joseph was held over the course of several evenings. A solemn High Mass followed by 40 hours of devotion was also a popular way to celebrate. For several decades. parochial schools in Oswego were closed in honor of St. Joseph's Day.

In the Aeolian Islands, *La Festa di San Giuseppe,* March 19, is still quite a big occasion. The St. Joseph legend says that sailors returning to Salina from mainland Sicily encountered a terrible storm that threatened to sink their boat. They prayed to St. Joseph to carry them home safely, and when they arrived on land they threw a party to honor the saint. It was a day off from work and school. The people paraded to the church and after Mass there was much bell ringing. Fava beans or chickpeas were served near the church. Today fireworks, *giggi*—the Aeolian carnival biscuit, fried in oil and mixed with mulled wine and sugar—and *vastiduzze*—made with almond paste and raisins—are a big part of the celebration in the Islands. The early Sicilian and Aeolian immigrants continued celebrating the customs and traditions of *La Festa di San Giuseppe.*

With its nearness to the popular St. Patrick's Day on March 17, St. Joseph's Day was somewhat forgotten in Oswego after a while. But some Italians reclaimed the day. Formal celebrations were begun again in 1977 to honor the Italian-American roots and a renewal of the importance of family values. Italians wore red to honor the saint and the Italian flag was raised at the Oswego City Hall. The first annual St. Joseph's dinner was held at Vona's Italian Restaurant. In a few years, the event became so popular again it was moved to the larger Elks Club, and later to the new church hall to accommodate more people. A typical St. Joseph's Day celebration in Oswego would be a dinner for members of the parish, music, dancing, speeches, and perhaps a raffle. Usually some member of the parish or clergy was honored for their dedication to the church. The Knights of Columbus would often hold a dinner dance.

Giuseppe. Le statue più antiche furono conservate in varie zone della chiesa prima di scomparire. Nessuno sapeva dove fossero finiti San Rocco e San Bartolomeo. Tuttavia, nel 2015, fu celebrata una messa per il centenario della fondazione, seguito da una cena all'Alexandria Conference Centre. Un Museo per il Centenario della fondazione della chiesa fu aperto per i parrocchiani. La statua di San Bartolomeo venne rinvenuto in un armadio. La pittura era un po' deteriorata, mancavano il pugnale e la corona. Due parrocchiani diedero nuova vita al suo argento.

La Chiesa di St. Joseph continua a essere centrale nella vita di molti discendenti di quei primi italoamericani. Non è solo il luogo della messa della domenica, è anche quello dove le famiglie ricevono i sacramenti, I neonati sono battezzati, i bambini ricevono la prima comunione e la cresima, le coppie si sposano e i ai defunti viene dato l'estremo saluto. Il giorno di San Giuseppe continua a essere festeggiato tutti gli anni il 19 Marzo. La parrocchia continua, inoltre, a organizzare i tradizionali tre giorni di festa a Luglio. Una bandiera dell'Italia viene issata a fianco di quella americana. Ogni settimana si gioca a Bingo, e i volontari cucinano. La storia della chiesa di St. Joseph affonda le sue radici della comunità italoamericana, ma, come le altre chiese cattoliche, che una volta erano collegate a dei specifici gruppi etnici, oggi è considerata la chiesa di tutti.

As time passed, a new pastor of St. Joseph's Church decided to replace the statues of the homeland patron saints with those of the Blessed Virgin and St. Joseph. The older statues were stored in various areas of the church and then they seemed to have disappeared. No one knew the fate of *San Rocco* and *San Bartolomeo*. However, in 2015, a 100 Year Celebration was marked with a Mass followed by dinner at Alexandria's Conference Center. A Centennial Museum with memorabilia from the church's founding to 2015 was set up for parishioners to view. The statue of *San Bartolomeo* was found in a closet, paint peeling, sword and crown missing. Two parishioners gave him a new silver paint job.

St. Joseph's Church continues to be central to the lives of many of the descendants of these Italian-Americans today. Not only is the church a place for Sunday Mass, it continues to be the place where families celebrate the sacraments. Babies are baptized, children make their First Communions and Confirmations, weddings are performed, and the dead are buried. St. Joseph's Day continues to be celebrated on March 19 each year.

The parish also continues the traditional three-day festival every July. The flag of Italy is hoisted alongside the American flag. Bingo is held weekly with the kitchen manned by parish volunteers. The history of St. Joseph's will remain rooted in the Italian-American community, but like the other Catholic churches, which were once tied to specific ethnic groups, it is now considered a church for all.

Marriage of John Cortese and Rose Famularo 1923
Matrimonio di Giovanni Cortese di Lipari e Rosa Famularo di Bartolo Lipari
courtesy of John Cortese and Rose Famularo

St. Joseph's Church—Holy Thursday, 1934. Repository designed by James
Tesoriero
Giovedi Santo 1934
courtesy of Carolyn Tesoriero

San Bartolomeo, Lipari

ST. BARTOLOMEO SOCIETY

The society most colorful in tradition and history is the St. Bartolomeo Society.

Around 1920, men in the parish who had come from Lipari, Italy, and its surrounding islands, banded together to bring some of the former culture into their new lives, and to honor their Patron Saint, Bartolomeo. They secured a statue of this Saint from Italy, and men voluntarily built a chapel on the north side of the old St. Joseph's Church for it.

On the day of its arrival, the celebration included a great feast and a street procession of the statue. From that time, the banner of St. Bartolomeo was carried on the Communion Sunday of this Society, and it was a special honor for the bearer.

By 1931, the movement had grown into a formal society of men and women, and Angelo Peluso, one of the first Trustees of St. Joseph's Parish, was sole officer. When he left the city, the society elected the following who are still the officers: *President*, James Tesoriero, *Vice-president*, Angelo Cincotta; *Secretary*, John Narduzzo; *Treasurer*, Gaetano DePasquale.

First Row: Josephine Manfre, Concetta Reitano, Onofria Palmesono, Rosaria Chillemi, Frances Galletta. *Second Row:* Joseph Marturano, John Narduzzo, Thomas DePasquale, Rev. Francis J. Furfaro, Sam Tesoriero, Joseph Chillemi, Thomas Ravas.

courtesy of St. Joseph's Church

*In 2016, St. Joseph's Church in Oswego celebrated its 100th anniversary. After
I inquired about the statue of San Bartolomeo, church staff member Laura
Landry Munski found it in a basement closet. She and her husband refurbished
the statue. Unfortunately, his dagger and crown are missing.*

*Nel 2016, la Chiesa di San Giuseppe a Oswego ha celebrato il suo 100 ° anni-
versario. Dopo aver chiesto informazioni sulla statua di San Bartolomeo, la
membro dello staff della chiesa Laura Landry Munski l'ha trovata in uno
sgabuzzino nel seminterrato. Lei e suo marito hanno rinnovato la statua. Sfor-
tunatamente, mancano il suo pugnale e la sua corona.*

St. Joseph's Church 1916–1956
Chiesa di San Giuseppe 1916–1956
courtresy St. Joseph's Church

*One of the early marriages in the new church was between John Cortese and
Rose Famularo
Uno dei primi matrimoni della nuova chiesa era tra Giovanni Cortese e Rosa
Famularo
courtesy of St. Joseph's Church*

R I C O R D O
DELLA
Sacra Missione
Predicata dal Rev. Padre
Dominic Grande, C. P.

Dal 5 Ottobre al 12 Ottobre 1941
Nella Chiesa di S. Giuseppe
Oswego, N. Y.

1. Fuggi il peccato mortale, peggior nemico dell'anima tua.

2. Frequenta i Sacramenti della Confessione e Communione, sorgenti di vita e di grazia.

3. Prega senza intermissione. Chi prega si salva, chi non prega si danna.

4. Santifica la festa. La santificazione della festa è sorgente anche di prosperità materiale.

5. Sii devoto della Madonna.

6. Sii pietoso verso le Anime de Purgatorio.

7. Fuggi le occasioni di Peccato.

Rev J. J. Davern, Parroco

Remembrance of the Sacred Mission offered by Father Dominic Grande

St. Joseph's Church
October 12, 1941
Oswego, NY

1. Escape the worst deadly sin of your soul.

2. Attend to the sacraments of confession and communion, sources of life and grace.

3. Pray without interference, those who pray are saved, those who do not are dammed.

4. Sanctify the feast, the sanctification of the feast is the source of material prosperity.

5. Give devotion to the Mother Mary

6. Give mercy to the souls of Purgatory

7. Avoid the occasions of sin.

8. Società, Club, Sport e Bande

Da soli possiamo fare così poco; insieme così tanto.
⌒Helen Keller

Sempre più integrati a Oswego, gli italiani formarono molte società di mutuo soccorso, sostegno e beneficenza. All'inizio del ventesimo secolo i giornali di Oswego raccontavano di tantissimi esempi della generosità degli italiani. I soldi raccolti erano usati per sostenere famiglie o vedove bisognose. Liste di membri mostrano che gli eoliani spesso appartenevano a diverse organizzazioni e in molti casi ricoprivano, al loro interno, un ruolo di leadership.

Una delle associazioni più grandi era la Christopher Columbus Society fondata nell'Ottobre del 1903, come Società di Mutuo Soccorso Cristoforo Colombo, con quaranta membri. Alcuni erano eoliani: il presidente Joseph Bontomase, il vice presidente Joseph Zaia, il segretario Bartolo LaMuta, il consigliere Angelo Marturano, Ad ogni assemblea entravano a far parte dell'associazione nuovi italiani.

A volte le associazioni si riunivano per dare informazioni o discutere dell'importanza dell'intera comunità eoliana. Nel 1904 un

8. Societies, Clubs, Sports, and Bands

Alone we can do so little; together we can do so much.
⁓Helen Keller

As they became more comfortable living in Oswego, the Italians formed many societies for mutual aid, support, and camaraderie. In the early part of the 20th century the Oswego newspapers contained dozens of examples of the generosity of the Italian societies. Money raised was used to help families or widows in need. Membership lists show the Eoliani usually belonged to several organizations and often held leadership roles.

One of the larger societies was the Christopher Columbus Society. It was formed in October 1903, as the *Societa di Mutuo Soccorso Cristoforo Colombo* with 40 members. Some of the original officers were Eoliani President Joseph Bontomase, Vice President Joseph Zaia, Corresponding Secretary Bartolo LaMuta, and Sergeant at Arms Angelo Marturano. More Italians joined with every meeting.

Sometimes the societies met to present information or to discuss items of importance to the whole Italian community. In 1904, an inci-

ragazzo italiano uccise a pugnalate un suo connazionale nella fabbrica Standard Oil. L'assassino aveva ventotto anni, una moglie e un figlio di un anno da mantenere. La comunità italiana lo sostenne in quel momento di necessità, ma durante la riunione successiva Rosario D'Angelo suggerì agli italiani di non portarsi dietro coltelli o altre armi e li incoraggiò a rivolgersi alle autorità quando si sentivano vittime di un torto, anziché rispondere alla violenza con la violenza.

Nell'Agosto del 1907, furono donati dalla Christopher Columbus Society $30 alla moglie e i figli di Murphy Cook, conosciuto anche come Noveau Lacoco, dopo che questi era stato ucciso. Tra i membri che contribuirono c'erano anche gli eoliani John Bontomase, Bartolo LaMuta, Antonio Cortese, Vincent Tesoriero, Anthony Paino, Bart Natoli, Angelo Marturano, Pietro Maiuri e A. Maiuri. Nel 1909 John Bontomase e Bart Famularo erano nuovamente presenti nel comitato che raccolse $323 per alleviare le sofferenze del terremoto che colpì le Isole Eolie.

Le associazioni raccoglievano inoltre fondi per comprare i biglietti per coloro che si trovavano ancora nelle isole e desideravano venire a Oswego per raggiungere i loro familiari. Furono fatte donazioni alla croce rossa e all'ospedale di Oswego. Le Liberty Bonds, obbligazioni vendute durante la guerra negli Stati Uniti per sostenere gli alleati nella Prima Guerra Mondiale diventarono un simbolo di patriottismo per molte organizzazioni, imprese e singoli cittadini di Oswego. La Christopher Columbus Society veniva spesso citata tra quelle che a Oswego acquistavano Liberty Bonds. Nel 1911, l'Oswego Daily Times scrisse "La società ha delle solide basi finanziarie e sta portando avanti un lavoro splendido per gli italiani di questa città". Gli eoliani ricoprivano dei ruoli di leadership all'interno di questa associazione, con Joseph Bontomase presidente, Gaetano D'Alia segretario, Peter Maiuri segretario finanziario e Bartolo Famularo tesoriere. Vincenzo Tesoriero era fiduciario, Anthony Paino portabandiera e Joseph Rodiquenzi guardia.

Un altro obiettivo dei club italiani era quello di aiutare i nuovi cittadini a imparare la storia americana e i meccanismi della democra-

dent occurred at the Standard Oil box factory in which a young Italian man stabbed another worker to death. The young man was 28 years old with a wife and one-year-old child. The Italian community stood by him in his time of trouble, but at the next meeting of the Christopher Columbus Society, Rosario D'Angelo delivered a speech to the members urging Italians to not carry knives or other concealed weapons. He encouraged Italians of Oswego to resort to the law when they felt themselves aggrieved, instead of resulting to violence.

In August 1907, $30 was donated to Mrs. Murphy Cook and her children by the Christopher Columbus Society after Murphy Cook, aka Noveau Lacoco, had been murdered. Among those members contributing were Eoliani John Bontomase, Bartolo LaMuta, Antonio Cortese, Vincent Tesoriero, Anthony Paino, Bart Natoli, Angelo Marturano, Pietro Maiuri, and A. Maiuri. Again in 1909, Eoliani John Bontomase and Bart Famularo were on a committee that raised $323 to benefit sufferers in the big earthquake that affected the Aeolian Islands.

Societies raised money to buy steamship tickets so that those still in the Islands might travel to Oswego to join their families. Donations were made to the local Red Cross and to the Oswego Hospital. Liberty Bonds, which were war bonds sold in the United States to support the Allied cause in World War I, became a symbol of the patriotic duty of many organizations, businesses, and individuals in Oswego. The Christopher Columbus Society was often listed in the newspapers among those in Oswego who purchased Liberty Bonds. In 1911, the *Oswego Daily Times* reported, "The society is on firm financial basis and doing splendid work for the Italians of the city." Eoliani were in the forefront of this all-inclusive Italian society and continued to hold leadership roles in this organization, with Joseph Bontomase as president, Gaetano D'Alia as corresponding secretary, Peter Maiuri as financial secretary, and Bartolo Famularo as treasurer. Vincent Tesoriero was a trustee, Anthony Paino was a flag bearer, and Joseph Rodiquenzi was a guard.

Another purpose of Italian clubs was to help new citizens learn about American history and the workings of the American govern-

zia statunitense. Già nel 1904, il Roosevelt Italian Club si riuniva nelle stanze al piano di sopra del negozio di idraulica Keefe, a West First Street, per sostenere il presidente Roosevelt e il partito repubblicano nelle elezioni nazionali, statali e della contea. Inizialmente, i membri del club ingaggiavano persone che facevano loro i discorsi in italiano. Appresero come funzionava il processo elettorale e quali erano i temi delle campagne. A volte marciavano in parate indossando una divisa somigliante a quella dei Rough Rider: pantaloni stretti verde militare e cappello. I Rough Riders erano un'unità della cavalleria composta da volontari che combatté durante la guerra tra Spagna e Stati Uniti sotto la direzione del Colonnello Theodore Roosevelt. Molti di quei soldati volontari erano italiani, abituati a marciare e alle esercitazioni militari. Gli eoliani si unirono anche ad altri gruppi politici, come il Republican Calvin Coolidge Club, conosciuto inizialmente a Oswego come Columbia Republican League, una organizzazione che operava a livello nazionale. La sezione di Oswego si riuniva al Dante Alighieri Lodge a West Fourth, vicino Mohawk. Il suo obiettivo era quello di prendere parte alla vita sociale, ricreativa e civile di Oswego. Organizzavano smokers, ovvero incontri durante il quale gli uomini fumavano sigarette e sigari e bevevano alcolici, cene e sponsorizzavano incontri di baseball o di altri sport di squadra. Il club raccoglieva inoltre fondi per la comunità: per fare regali di natale ai poveri e per organizzare feste per gli orfani. Bartolo Famularo e Anthony Paino facevano parte di questo club, mentre Thomas Zaia ne era il presidente.

L'Italian Citizens Club, in seguito Italian American Club, era composto da coloro che erano diventati cittadini americani. Promuoveva gli ideali, la storia e il governo americani, tenendo corsi per coloro che desideravano diventare cittadini. I membri fornivano sostegno a chi aveva fatto domanda di cittadinanza. Si sponsorizzavano interventi di politici, sacerdoti e professionisti, ad esempio medici. Il Dottor Cimildoro, fisico italiano, parlò al gruppo dell'importanza della polmonite, spiegando che il governo intendeva diminuirne i rischi attraverso una campagna di vaccinazioni. Come altri gruppi avevano speciali divise da

ment. As early as 1904, the Roosevelt Italian Club met in rooms over Keefe's Plumbing Shop on West First Street to support President Roosevelt and other Republicans in national, state, and county elections. In the early days, the members of the club engaged speakers who addressed them in Italian. They learned about the election process and campaign issues. Sometimes members donned uniforms and marched in parades. The uniforms had the Rough Rider look: khaki with leggings and a campaign hat. (The Rough Riders were a volunteer cavalry unit who fought in the Spanish-American War under the direction of Colonel Theodore Roosevelt.) Many of the members of the Roosevelt Italian Club had been soldiers in Italy and were familiar with marching and drills.

Eoliani also joined other political groups, such as the Republican Calvin Coolidge Club, first known in Oswego as the Columbia Republican League. This was a national organization. The Oswego branch held meetings at the Dante Alighieri Lodge on West Fourth near Mohawk. The club was formed to take an active part in the social, recreational, and civic life of Oswego. They held smokers, which were social gatherings where men smoked cigarettes and cigars and had alcoholic drinks. They also held suppers for members and sponsored baseball and other sports teams. The club raised money for social welfare causes in the community: giving Christmas presents to the poor and holding parties for orphans of the city. Bartolo Famularo and Anthony Paino were members of this group and Thomas Zaia was the club's president.

The Italian Citizens' Club, later called the Italian American Club, was composed of those who had become U. S. citizens. This club also promoted American ideals, history, and government. It held classes for those wishing to become citizens and its members supported others who were taking out papers towards citizenship. The club sponsored talks by politicians, priests, and prominent people, such as doctors. For example, Dr. Cimildoro, a local Italian physician, gave a talk to the group on the seriousness of pneumonia and explained how the government was hoping to lessen the risks of contracting the disease with vaccinations.

indossare durante le parate. In occasione della parata per il Columbus Day il 12 Ottobre 1909, l'Oswego Daily Times riportò che "molti indossavano badge, infatti la maggior parte di loro avevano al petto almeno due o tre badge, e indossavano la divisa dell'Italian Citizens' Club". Nel 1909 il club contava sessantuno membri italo americani. In seguito ebbe anche il suo team di baseball, come anche le altre associazioni e imprese italiane.

Le associazioni offrivano anche opportunità di intrattenimento e compagnia. Mentre aiutavano a mantenere vive la cultura e le tradizioni italiane nel nuovo paese, iniziarono anche a organizzare eventi in pieno stile americano, come ad esempio i picnic o gli ice cream social. La gran parte degli eventi prevedevano musica. Le associazioni italiane, nel pieno delle loro attività, annunciavano regolarmente balli, parate e altre festività nei giornali di Oswego. A volte celebravano occasioni specificamente italiane, come per esempio il Christopher Columbus Day, altre volte si univano a gruppi non italiani per celebrare eventi nazionali o locali.

I cittadini provenienti dall'isola di Stromboli formarono la Isola di Stromboli Society, che contava circa venticinque membri. Anthony Galletta ne era il presidente, Joe Tesoriero segretario e Vincent Tesoriero il tesoriere. Gaetano D'Alia era un fiduciario della società. Il loro simbolo era un medaglione su un nastro tricolore recante la scritta "Mutual Aid Society, Stromboli Island, Oswego, NY". Altri appartenenti a questa organizzazione erano Giuseppe D'Alia, Francesco Yacono, Antonio Peluso, Antonia DiPietro, Vincent Caruso, Frank Fortuna, Sam Barnao, Joseph Rando e John Rando. Nel 1918 l'associazione mandò aiuti ai ragazzi italiani che combattevano sul fronte nazionale.

La San Bartolomeo Society della chiesa di St. Joseph venne fondata intorno al 1920, probabilmente da una costola della Stromboli Society. Speravano di preservare la cultura isolana e celebrare le loro nuove vite a Oswego. Gli uomini costruirono una piccola cappella nel lato nord della chiesa per ospitare la statua di San Bartolomeo, proveniente dall'Italia. All'arrivo della statua la chiesa festeggiò e il santo fu portato in

Like other groups they had special regalia to wear in parades. In the Columbus Day parade on October 12, 1909, the *Oswego Daily Times* reported that, "many wore handsome badges, in fact, most of them had their chests decorated with two or three badges and were in the full uniform of the Italian Citizens' Club." By 1909, the club boasted 61 Italian-American citizen members. Later this club also had its own baseball team, as did other Italian societies and businesses.

Societies also offered opportunities for entertainment and companionship. While these societies helped to retain the Italian culture and traditions in a new land, they also began holding American-style functions such as picnics and ice cream socials. Most of the gatherings included music. When the Italian societies were in full swing, they regularly announced parades, dances, and other social festivities in the Oswego newspapers. Sometimes the societies celebrated specific Italian events, such as Christopher Columbus Day. At other times the societies joined with non-Italian groups to celebrate city or national events.

Those from the island of Stromboli formed the Isla di Stromboli Society, which had about 25 members. Anthony Galletta was the president, Joe Tesoriero was secretary, and Vincent Tesoriero was the treasurer. Gaetano D'Alia was a society trustee. Their symbol was a medallion on a tricolor ribbon embroidered with the words "Mutual Aid Society Stromboli Island, Oswego, NY." Other members were Giuseppe D'Alia, Francesco Yacono, Antonio Peluso, Antonia DiPietro, Vincent Caruso, Frank Fortuna, Sam Barnao, Joseph Rando, and John Rando. In 1918, the society sent aid to Italian boys fighting on the home front.

The San Bartolomeo Society of St. Joseph's Church was formed around 1920. This society was most likely an outgrowth of the Stromboli Society. They hoped to preserve Island culture and celebrate their new lives in Oswego. The men built a small chapel on the north side of the church to house the statue of San Bartolomeo, which had been obtained from Italy. When the statue arrived, the church held a big celebration and the statue

processione per le strade. Nei registri del 1958, questo gruppo è citato come "la società più ricca di tradizione e storia". Osservarono la festa del santo, quel 24 Agosto, con processioni, musica, cibo e balli. Gli eoliani Frank Zaia, Rose Murabito, Joseph Brancato, Peter Rodriguez, Joseph Marturano e Michael Restuccio portarono la statua dalla chiesa nel Second Ward nell'East Side della città e attraversarono il fiume. Bartolo Rodriguez ebbe l'onore di portare lo stendardo. Attorno al collo del santo venne legato un nastro rosso al quale i fedeli attaccarono dei soldi. In questo modo si raccolsero $203. Italiani residenti a Syracuse, Fulton, Norwhich, Oneida e Cortland parteciparono alla celebrazione. La processione terminò alla Chiesa di St. Joseph nel West Side della città. Ben presto, anche le donne entrarono a fare parte dell' associazione guidata da Angelo Peluso.

Se la città di New York aveva la famosa Aeolian Hall, costruita nel 1912, che ospitò concerti di artisti del calibro di George Gershwin, anche Oswego aveva il suo Aeolian Club. Il 16 Novembre 1917 l'Oswego Daily Times raccontò che l'Aeolian Club avrebbe organizzato un ballo. Secondo il giornale "Del club fanno parte alcuni dei giovani più popolari di Oswego...". Nel 1920 l'Aeolian Club organizzò un Valentine Hop all'Hotel Pontiac. Continuò a sponsorizzare eventi e, nel 1924, l'avvocato Francis E. Cullen usò proprio l'Aeolian Club Hall per dare il via alla sua campagna elettorale nelle elezioni per l'Assemblea dello Stato di New York.

La Principe Umberto di Piedmont Society fu fondata nell'Aprile 1906, con quarantasei membri. A Giugno erano diventati novanta. Si riunivano nelle stanze sopra la libreria Sutton. Agostino Corso era il presidente e Gaetano D'Alia il tesoriere. Altri membri eoliani erano Antonio Galletta e Angelo Paino. Organizzavano feste, eventi, balli e parate per il giorno di Sant'Antonio. Come per altre associazioni, l'obiettivo di questi eventi era quello di raccogliere fondi per una buona causa. Nel 1909, la società raccolse $125 per le vittime del terremoto. Parte della somma fu raccolta durante un evento al teatro Orpheum. La società sponsorizzava inoltre incontri su temi come la cittadinanza e la storia d'Italia.

was carried through the streets. In the new church dedication book of 1958, this group is referred to as "the society most colorful in tradition and history." They observed this saint's day, the feast of San Bartolomeo, on August 24, with parades, music, food, and dancing. Eoliani Frank Zaia, Rose Murabito, Joseph Brancato, Peter Rodriguez, Joseph Marturano, and Michael Restuccio carried the statue of the saint from the Second Ward on the east side of town across the river. Bartolo Rodriguez had the honor of carrying the banner. A red ribbon was tied around the saint's neck and people attached money to the ribbon. A sum of $203 was collected in this manner. Italians from Syracuse, Fulton, Norwich, Oneida, and Cortland attended the celebration. The parade ended at St. Joseph's Church on the west side of town. Before too long women were also included in the society. Angelo Peluso was the head of this group.

While New York City had the famous Aeolian Hall, built in 1912 and the site of piano recitals by such artists as George Gershwin, Oswego had its own Aeolian Club. On November 16, 1917, the *Oswego Daily Times* reported the Aeolian Club would be holding a dance. According to the paper, "The club is composed of some of Oswego's most popular young men . . ." In 1920, the Aeolian Club held a Valentine Hop at the Pontiac Hotel. The club continued to sponsor social events and in 1924, Attorney Francis E. Cullen used the Aeolian Club Hall to kick off his campaign for the New York State Assembly.

The Principe Umberto di Piedmont Society was formed in April 1906, with 46 charter members. By June, the number of members had grown to 90. They met in rooms over Sutton's Book Store. Agostino Corso was the president and Gaetano D'Alia was the treasurer of the group. Other Eoliani members were Antonio Galletta and Angelo Paino. They held celebrations, events, dances, and parades on St. Anthony's Day. As with other societies, one of the purposes of these events was to raise money for good causes. In 1909, the society successfully raised $125 for earthquake victims. Part of the money was raised at an event at the Orpheum Theater. The Society also sponsored talks about topics such as good citizenship and the history of Italy.

Nell'estate del 1911 la Umberto Society raccolse l'enorme somma di $500 per aiutare la moglie di Bartolomeo Potenza, il cui marito era morto dopo essere stato colpito da un fulmine. Si occuparono inoltre di trovare qualcuno che potesse fare da guardiano dei suoi cinque figli, di età compresa tra i sei mesi e i nove anni, rimasti orfani di padre. Nel 1917, diventata nel frattempo Prince Humbert Society, l'associazione contava ben duecento membri e mandò $200 alla Regina Elena perché venissero utilizzati per i poveri.

La Order Sons of Italy in America, con sede al Dante Alighieri Lodge fu fondata a Oswego, N.Y. come Umberto I, Principe di Piemonte. Tra i suoi membri vi erano due eoliani, Gaetano Reitano e Bartolo Famularo, entrambi originari di Lipari. Gli obiettivi erano di promuovere la cultura italiana e le buoni relazioni all'interno della comunità. Quando il gruppo acquistò un edificio con cucina, bar e sala da ballo, iniziarono ad ospitare ricevimenti di matrimonio, banchetti, serate di bingo e feste di ogni tipo. Il sabato si organizzavano feste da ballo. Ai bambini di origine italiana venivano assegnate borse di studio per aiutare le famiglie con le spese scolastiche. Nel 2008, a causa del basso numero di iscritti, il Lodge fu costretto a chiudere. Le liste degli iscritti e ogni altra documentazione vennero spedite al Centro di Ricerca sull'Immigrazione dell'Università del Minnesota. Benché aperti al pubblico, la ricerca deve essere effettuata sul sito. Dunque, queste carte non sono più fisicamente accessibili alla gente di Oswego. Tuttavia, siamo riusciti ad ottenere una pagina dal registro contabile della Dante Alighieri Lodge del 1939, che reca i nomi di diversi eoliani: Rodiquenzi, Maiuri, Tesoriero, Paino, Furnari, Galletta, Dalia, Reitano. Le spese per quell'anno furono di $1,50.

Altre associazioni italiane di Oswego delle quali gli eoliani diventarono membri e giocarono un ruolo chiave furono la Victor Emmanuel Society e la San Sebastian Society, che organizzarono un enorme picnic nel 1915, al quale parteciparono oltre mille persone. Anche Fulton e Syracuse avevano delle società Sons of Italy. Queste, come il gruppo di Oswego, si riunivano spesso per concerti, partite di baseball, picnic e altri eventi.

In late summer of 1911, the Umberto Society raised the huge amount of $500 to aid Mrs. Bartolomeo Potenza, whose husband was killed by a bolt of lightning. They also took steps to appoint someone to help as a guardian for her five children, ranging in age from six months to nine years, left fatherless. In 1917, now called the Prince Humbert Society, the group of 200 members sent $200 to Queen Helena of Italy for the relief of the poor.

The Order Sons of Italy in America, Dante Alighieri Lodge No. 436 (D. A. Lodge) was founded in Oswego as Umberto I., Principe di Piedmont. Gaetano Reitano and Bartolo Famularo, both from Lipari, were charter members. Its goals were to promote Italian culture and provide opportunities for good community relations. When the group acquired a building that included a kitchen, bar, and dance floor, the D. A. Lodge hosted wedding receptions, banquets, bingo, and parties of all kinds. Dances were held on Saturday nights. Scholarships were given to children of Italian heritage to defray college costs. In 2008, due to a number of years of dwindling membership, the D. A. Lodge shut its doors. Membership rolls and other documents were sent to the University of Minnesota's Immigration History Research Center. Although the documents are open to the public, research must be done on site. So, these papers are no longer readily accessible to the people of Oswego. One page was obtained, however. A page from the 1939 D.A. Lodge book of dues shows a number of Eoliani names including Rodiquenzi, Maiuri, Tesoriero, Paino, Furnari, Galletta, Dalia, and Reitano. Dues for this year were $1.50.

Other Oswego Italian societies where the Eoliani became members and played key roles were the Victor Emmanuel Society and the San Sebastian Society, which held a huge picnic in 1915, with over one thousand people in attendance. Fulton and Syracuse also had Sons of Italy organizations. These, and the Oswego group, often got together for concerts, baseball games, picnics, and other events and celebrations.

In 1918, all of the city's various Italian groups participated in the Italy Day parade. This day marked the entrance of Italy into the Great

Nel 1918 tutti i vari gruppi italiani della città parteciparono alla parata per l'Italy Day. Questo giorno segnava l'entrata dell'Italia nella Grande Guerra. In un carro parteciparono Joseph Zaia, travestito da Zio Sam e Miss Ena Bontomase, figlia di Joseph Bontomase, vestita da "Italia". Dopo la parata un numero di rappresentanti delle autorità, incluso Padre Geremia, parlò alla folla.

Gli italiani formarono anche bande, come per esempio la Royal Italian Band e la Tripoli Band.

Già nel 1884 una banda italiana suonò in occasione dell'assemblea comunale dove "offrirono dolci melodie ai padri della città". Ben presto le bande italiane divennero così popolari da essere richiestissime per suonare a eventi cittadini o religiosi. Alcune domeniche suonavano anche prima e dopo la messa alla chiesa di St. Joseph. Nell'estate del 1917 una banda italiana intrattenne le folle durante il carnevale di St. Paul e alla festa estiva di St. Louis. La chiesa congregazionale li noleggiò per un garden social. Nel 1924 un manifesto della festa polacca di St. Stephen recitava "si esibirà una banda italiana" - un chiaro segno che gli italiani stavano davvero diventando parte integrante della comunità. Le bande suonavano durante le feste da ballo e davano concerti agli angoli delle strade, all'arsenale, alla stazione ferroviaria, e in altri luoghi della città.

Benché facessero parte della vita americana, gli eoliani continuavano anche ad avere un forte legame con l'Italia. Nel 1918, quando gli italiani di Oswego raccolsero $500 per mandarli nuovamente alla regina Elena per dare sollievo alla devastazione nel paese, gli eoliani Bartolo Famularo, Gaetano D'Alia, Joseph Bontomase e Bartolo LaMacchia guidarono la raccolta fondi tra gli italiani dell'East Side, mentre Bartolo Saltalamacchia aiutò nella West Side della città.

Col passare del tempo, gli eoliani entrarono a far parte di altre società e club non esclusivamente italiani. Il Lake Shore Club era composto da uomini residenti del Second Ward, vicino al Lago Ontario. Era un club sociale e sportivo, che sponsorizzava il baseball e altri sport di squadra. Organizzava inoltre clambakes, una tradizionale festa del New England dove la facevano da protagonisti i frutti di mare. Oltre al cibo, durante i

World War. One float featured Joseph Zaia as Uncle Sam and Miss Ena Bontomase, daughter of Joseph Bontomase, representing *Italia*. After the parade a number of city officials and Father Geremia addressed the crowd.

The Italians also formed bands, such as the Royal Italian Band and the Tripoli Band. As early as 1884, an Italian band played for the common council meeting where "they discoursed sweet music for the benefit of the city fathers." Soon the Italian bands were so popular they were in demand to play at civic events and at other churches. They offered music before and after Masses at St. Joseph's on some Sundays. An Italian band was a crowd pleaser at St. Paul's carnival in the summer of 1917, and they also played at St. Louis's Summer Fete. The Congregational church hired them to play at a garden social. In 1924, a notice that at the St. Stephen's Polish festival "an Italian band will furnish music" was a sure sign of the melding of the Italians with other community members. The bands played at dances and gave concerts on street corners, at the Armory, at the railroad shop, and at other venues around town.

Although they were being assimilated into American life, the Eoliani continued to have a strong connection with Italy. In 1918, when Oswego Italians collected $500 to once again send to Queen Helena of Italy for relief of devastation in that country, Eoliani Bartolo Famularo, Gaetano Dalia, Joseph Bontomase, and Bartolo LaMacchia were leaders in the effort to raise money from the east side Italians and Bartolo Saltalamacchia helped out on the west side of the city.

As time passed, the Eoliani joined other societies and clubs that were not exclusively Italian. The Lake Shore Club was composed of men living in the Second Ward near Lake Ontario. It was a social and athletic club, sponsoring baseball and other sports teams. The Lake Shore Club held clambakes, a traditional New England festivity featuring seafood. In addition to eating, the clambakes offered events and games for men, women, and children, such as horseshoes, one-legged races, egg throw-

clambakes si svolgevano giochi per uomini, donne e bambini, come per esempio il lancio di ferri di cavallo, la corsa a una gamba, il lancio di uova e il salto in lungo. I documenti che raccontano le attività del club contengono i cognomi Manfre, Palmisano, Paeno, Zaia, Natoli e Reitano.

Poiché la prima generazione di eoliani nati a Oswego frequentarono la scuola superiore ed entrarono a far parte della forza lavoro della città, poterono approfittare delle molte opportunità sportive che la città offriva. Sin dagli inizi gli italiani si interessavano agli incontri di boxe. Amavano vedere figli di italiani che fecero bene sia a livello locale che altrove. Successivamente i giovani di St. Joseph fondarono un gruppo amatoriale di boxe. Non mancavano le opportunità sportive e le imprese italiane sostenevano alcune squadre.

Le squadre di baseball erano molto popolari tra i giovani italiani. I nomi Zaia, Corso, Paino e Dalia appaiono nel team Miuccio del 1928. Gli Independents annoveravano tra le loro fila Tesoriero, Corso e Russo. Reitano e Familo giocavano per il Mirabito Service nel 1934. Mentre gli italiani, gli irlandesi, i tedeschi e i polacchi giocavano insieme ai vari team, una squadra era esclusivamente italiana. Secondo Mr James Sereno "non c'è un uomo che non sia italiano nel team Sereno. Mr Sereno ha l'unica vera squadra italiana di Oswego".

Un'altra disciplina popolare a Oswego negli anni '30 e '40 era il biliardo. Un numero crescente di imprese italiane sponsorizzavano squadre sportive. La Lumber company di Zaia e il ristorante Signorelli guidavano la classifica nei campionati del 1941. Art Zaia e Ange Palmisano erano i tiratori scelti che vinsero una partita per 50 a 49 contro Fritz Famularo e Louis Arcaraci.

La lega di football Lake Shore A.C. comprendeva ventitré giovani, tra cui James Russo, Pete Dalia, Tony Tesoriero, Tony Corso, Joe Corso, Al Familo (Famularo), Bart Natoli e George Marturano nel line up di partenza.

La chiesa di St. Joseph sponsorizzò una squadra locale di basket. Molti degli stessi giovani giocavano a basket una volta finita la stagione del football. Familo, Dalia, Casement, Galletta erano alcuni dei giovani

ing, and the running broad jump. News accounts of the club's activities contain the names Manfre, Palmisano, Paeno, Zaia, Natoli, and Reitano, among others.

As the first generation of Eoliani children born in Oswego went to high school and entered the city workforce, they also became involved in the many sports opportunities in the city. Early on, the Italian men were interested in boxing matches. They liked to watch favorite Italian sons, who did quite well locally and farther afield. Later on, young men from St. Joseph's formed an amateur boxing group. There was no shortage of opportunities to play sports and many Italian businesses supported teams.

Baseball teams were very popular with young Italian men. The names Zaia, Corso, Paino, and Dalia appeared on Muiccio's team in 1928. The Independents boasted Eoliani Tesoriero, Corso, and Russo. Reitano and Familo played for the Mirabito Service baseball team in 1934. While the Italians, Irish, Germans, and Poles all played together on the various teams, one team was exclusively Italian. According to Mr. James Sereno, "There was not a man who is not an Italian on the Sereno team. Mr. Sereno has the only real Italian team in Oswego."

Billiards was another popular sport in Oswego in the 1930s and 1940s. More and more Italian businesses were sponsoring sports teams. Zaia's Lumber Company and Signorelli's Restaurant were tied for an early lead in the 1941 championships. Crisafulli's Grocery and Regan's Inn were also both Italian teams. Art Zaia and Ange Palmisano were two fine sharp shooters, winning a 50–49 match against Fritz Famularo and Lousi Arcaraci.

The Lake Shore A.C. football league consisted of 23 young men including James Russo, Pete Dalia, Tony Tesoriero, Tony Corso, Joe Corso, Al Familo (Famularo), Bart Natoli, and George Marturano in the starting lineup.

St. Joseph's Church sponsored a city basketball team. Many of the same young men played basketball once the football season was over. Familo, Dalia, Casement, and Galletta were among the Italian hoop-

giocatori italiani. La lega di basket Lake Shore comprendeva molti team nel 1931. Tesoriero giocava per i Comets, mentre Famularo, Corso e Dalia appartenevano agli Arrows.

Il bowling diventò ben presto estremamente popolare tra gli italiani. Sia uomini che donne parteciparono ai tornei. Quando la Dante Alighieri Lodge si spostò a West Third Street, venne installato il bowling e si organizzarono nuovi tornei. La partecipazione ai vari sport della città diede agli italiani una chance di integrarsi con altri gruppi etnici e ancora una volta di diventare Oswegonians.

sters. The Lake Shore basketball league was filled with teams in 1931. Tesoriero played for the Comets, while Famularo, Corso, and Dalia belonged to the Arrows.

Bowling was a sport that quickly became popular among Italians. Men and women joined leagues. When the Dante Alighieri Lodge moved to new quarters on West Third Street, bowling lanes were installed, and new leagues were formed. Participation in a variety of city sports teams gave Italians a chance to mingle with other ethnic groups and was one more way in which they were becoming Oswegonians.

Aeolian Club St. Valentine Dance
Danza di Societa Eoliana di S. Valentino
Oswego Daily Times, February 13, 1920

Procession of Saint Bartolomeo
Processione di San Bartolomeo
courtesy of Frank Barbeau

Tripoli Band
Band di Tripoli
courtesy of Justin White

9. Diventando Americani

Sei un cittadino e la cittadinanza porta con sé delle responsabilità.
~Paul Collier

Era evidente che gli eoliani non solo si sentissero a casa loro a Oswego, ma che fossero pronti ad affrontare nuove sfide. Imparavano l'inglese, studiavano storia e facevano l'esame per diventare cittadini. Spesso gli isolani che avevano già preso la cittadinanza facevano da testimoni a quelli che desideravano diventarlo. Nel 1900, la comunità italiana era a lutto per la morte del re Umberto I, ma non fecero una parata in suo onore. La loro alleanza adesso era con gli americani.

Prima del 1906 per diventare cittadino bisognava presentare una Dichiarazione di Intenti e una Domanda, ma tutto variava da un tribunale all'altro. Dopo il 1906, il Congresso approvò il Basic Naturalization Act - la legge base sulla naturalizzazione. Tra il 1906 e il 1924 si iniziarono a richiedere altri documenti durante il processo di naturalizzazione. Uno di questi documenti era un certificato di residenza. Il richiedente doveva essere residente negli Stati Uniti da almeno cinque

9. Becoming Americans

You are a citizen, and citizenship carries responsibilities.
~Paul Collier

There were many signs that the Eoliani were not only feeling at home in Oswego, but they were ready to take on a number of new challenges. They were learning English, studying history, and taking the test to become citizens. Often men from the Islands who were already citizens stood as witnesses for others who wished to become citizens. In 1900, the Italian community felt sorrowful at the death of King Umberto I, but they refrained from having a memorial parade. Now their allegiance was turning to America.

Before 1906, the process of becoming a citizen required a Declaration of Intention and a Petition to be filed by the person desiring citizenship, but there was little consistency from one court to another. After 1906, Congress instituted the Basic Naturalization Act. Between 1906 and 1924, several other documents were used during the naturalization process. One of these documents was a certificate of residency. The applicant had to have been a U. S. resident for five years, and a New

anni, residente a New York da un anno, prima di poter diventare cittadino statunitense. Passavano due anni tra la presentazione della Dichiarazione di Intenti e della petizione.

Le naturalizzazioni venivano registrate su piccole schede che indicavano il nome e l'indirizzo del neo-cittadino, il luogo di nascita, la data
di immigrazione e di naturalizzazione oltre che il nome del testimone
alla cerimonia di naturalizzazione. Gaetano D'Alia e Bartolo LaMote
(LaMuta) furono testimoni alla cerimonia di naturalizzazione di Salvatore Cortese nel 1913. Tutti erano originari di Quattropani, a Lipari.

La Naturalizzazione era un procedimento a tre tappe. La prima tappa
era la presentazione della Dichiarazione di Intenti, detta anche First
Papers. Lo scopo della Dichiarazione era di rinunciare alleanza con il
Re d'Italia. Inoltre, il richiedente doveva dimostrare di aver adempiuto
ai requisiti di residenza. Questo documento mostrava il luogo degli Stati
Uniti in cui l'immigrato era arrivato. Nel caso degli eoliani stabilitisi a
Oswego, questo era con tutta probabilità il porto di New York. Il nome
della nave e la data di arrivo erano anch'essi presenti su questo documento, che veniva conservato in un fascicolo insieme alla Domanda.

La maggior parte degli eoliani erano impazienti di diventare cittadini
americani e facevano la loro Dichiarazione di Intenti non appena era
possibile farla. Venivano ammessi senza che si facessero molte domande
riguardo ai richiedenti o alla loro conoscenza dell'America. I giudici
della contea avevano l'autorità per quel che riguardava la naturalizzazione. Cinque anni di residenza, un certificato di buona condotta e nessun precedente penale erano i requisiti richiesti per essere ammessi come
cittadini. La corte locale aveva poteri discrezionali ampi nel decidere chi
poteva essere ammesso. Se un uomo era analfabeta ma aveva risparmiato
abbastanza denaro per potersi acquistare una casa, aveva un buon carattere e dei figli che frequentavano la scuola, poteva diventare cittadino.

Altri aspettavano anni prima di fare domanda di cittadinanza, per
un motivo o per un altro. A volte i richiedenti si vedevano rifiutare la
domanda al primo tentativo, dovevano studiare di più e riprovare. La
loro domanda poteva essere rifiutata per diversi motivi. Magari il can-

York resident for one year, before becoming a citizen. There was a two-year waiting period between filling out the Declaration of Intention and filing the Petition.

Naturalizations were recorded on small cards. The card contained the name and address of the new citizen along with birthplace, immigration date, and naturalization date. It also showed who witnessed the ceremony. Gaetano D'Alia and Bartolo LaMote (LaMuta) witnessed Salvatore Cortese's naturalization ceremony in 1913. All three were from Quattropani, Lipari.

Naturalization was a three-step process. The first step was to file the Declaration of Intent. Sometimes this was also called taking out First Papers. The purpose of the Declaration was to renounce allegiance to the King of Italy. The applicant also had to show completion of the residency requirements. This document stated the place where the immigrant had arrived in the United States. In the case of those Eoliani who went to Oswego, this was most likely the port of New York. The name of the ship and date of arrival were also on this document, which was kept in a file with the Petition.

Most Eoliani were very eager to become American citizens and took the first step to declare their intentions as soon as it was legal to do so. Admission was given without many questions asked about the applicants or their knowledge of America. County judges had the authority to naturalize. Five years of residency, a character reference, and no criminal record were the requirements needed to be admitted as citizens. The local court had broad discretionary powers in deciding who would be admitted. If a man couldn't read or write but had saved up enough money to buy a house, was of good character, and his children attended school, he could be granted citizenship.

Others waited for years to apply for citizenship for one reason or another. Sometimes candidates were denied citizenship after one try; they had to study more and try again. They might be denied for any number of reasons. It might be that the candidate didn't have a good

didato non aveva una conoscenza sufficiente delle leggi e della storia americane. Nel caso di Antonio Corso, che fece l'esame per la prima volta nel Febbraio 1907, il giudice Rogers gli negò la cittadinanza per un problema legato a uno dei suoi testimoni. Antonio ritentò ad Aprile e fu ammesso come cittadino dallo stesso giudice.

Nel 1911 ci fu una corsa da parte degli italiani di Oswego a presentare domanda di cittadinanza. Certamente molti desideravano farlo o progettavano di farlo prima o poi. Ma quando venne nominato un nuovo agente consolare italiano nella vicina Rochester, New York, gli italiani presero la repentina decisione di diventare cittadini americani. Uno dei compiti dell'agente era di trovare italiani sopra i 16 anni non ancora naturalizzati, i quali avevano l'obbligo di tornare in Italia per svolgere il servizio militare. Tuttavia, una volta che venivano presentati i First Papers, gli immigrati non erano più soggetti alle leggi italiane.

Nel 1913 molti sfruttarono l'ultima opportunità di diventare cittadini sotto il vecchio, e relativamente semplice, sistema. L'approvazione di nuove leggi di naturalizzazione nuove e più selettive avrebbero richiesto una analisi più estesa delle conoscenze di un candidato. Avrebbero fatto parte del processo anche una analisi del carattere e un controllo della residenza. Il nuovo bureau di naturalizzazione situato a New York avrebbe mandato dei procuratori a Oswego per esaminare i candidati. Questi avrebbero controllato le domande originali per capire se fossero state compilate in modo veritiero. Veniva inoltre appurato se i candidati sapessero leggere e parlare in inglese.

L'esame per diventare cittadini era anche orale e veniva condotto da giudici come il giudice Rogers, che teneva delle sessioni speciali per le naturalizzazioni. Le domande precise che venivano chieste, e i contenuti, variavano da giudice a giudice e da posto a posto. In generale i richiedenti dovevano sapere qualcosa sulla Costituzione, sulla storia americana, e sui diritti e doveri dei cittadini. Il secondo passo era presentare domanda di cittadinanza, detta Final Papers. Gli eoliani avevano dovuto rinunciare alla loro alleanza con Re Vittorio Emanuele e firmare un Giuramento di Alleanza con gli Stati Uniti. Infine, quando tutti i

knowledge of American laws and history. In the case of Antonio Corso, who first underwent an exam in February 1907, Justice Rogers denied him citizenship based on the fact that his witness was found defective for some reason. Antonio tried again in April and was admitted as a citizen by Justice Rogers.

In 1911, there was a big rush of Oswego Italians to make their applications for citizenship. Certainly, many wanted to do this and planned to do so eventually. But when a new Italian consular agent was appointed in nearby Rochester, New York, the Italians made a quick decision to become citizens. One of the agent's jobs was to find Italians who were over 16 and not citizens. These men were obligated to return to Italy for military service. However, once First Papers were taken out toward citizenship, the immigrants would no longer be subject to Italian law.

Again in 1913, many took advantage of the last chance to become citizens under the old and fairly simple system. The establishment of new and more restrictive naturalization laws would require uniform and extensive testing of a candidate's knowledge. Testament to moral character and a check on residency requirements would also be part of the process. The new naturalization bureau located in New York would send attorneys to Oswego to examine applicants. The attorneys would have the original applications in hand and determine if they were filled out truthfully. They checked to make sure the candidates could read and write in English.

The exams to become a citizen were also administered orally by judges, such as Justice Rogers, who held special sessions for naturalization. The exact questions asked, and the content covered, varied from judge to judge and from place to place. In general, the applicants had to know about the Constitution, U. S. history, and the rights and duties of being a citizen. The second step was to file the Petition for citizenship. This was also called Final Papers. The Eoliani also had to renounce their allegiance to King Vittorio Emanuele of Italy and sign an Oath of Allegiance to the United States. Finally, when all of the requirements had

requisiti erano stati soddisfatti, l'immigrato veniva ammesso come cittadino degli Stati Uniti e riceveva un certificato di Naturalizzazione.

La Naturalizzazione continuò a dominare i pensieri sia degli immigrati che del governo statunitense. Le domande 15 e 16 del censimento negli Stati Uniti chiedevano in quale anno era avvenuta l'immigrazione e se il rispondente fosse straniero o naturalizzato. Nel censimento del 1920 una terza domanda richiedeva l'anno di naturalizzazione. Nel 1930 vi era un'altra domanda ancora riguardante la cittadinanza. La domanda in questa categoria chiedeva se il rispondente parlasse l'inglese. Nel 1940 la domanda sull'anno di immigrazione non c'era più, ma restava quella sul paese di nascita e lo status di chi era nato all'estero. Mentre l'America guardava il progredire della guerra durante i primi anni '40, l'Alien Registration Act richiedeva ai non cittadini di età superiore ai quattordici anni di registrarsi come stranieri.

I nuovi cittadini eoliani imparavano ben presto che la libertà e la giustizia americane erano per tutti. Il sogno americano stava diventando realtà. Le strade non erano esattamente lastricate d'oro, ma quelle strade potevano portarli ovunque desiderassero andare. Gli eoliani stavano iniziando a uscire dalla sicurezza delle loro case, e la protezione della famiglia, cercando di contribuire e cambiare per il meglio la comunità di Oswego. I partiti politici si aprivano a loro visto che iniziavano a votare, persino a candidarsi. Compravano case e terreni, e avviavano nuove imprese. Suonavano in bande e orchestre e si iscrivevano alle organizzazione civili. Nei tornei di bowling, baseball, football e basket gli italiani erano i benvenuti. Imparavano i meccanismi della democrazia e a lottare per i propri diritti. Anche se sarebbero sempre stati italiani nei loro cuori e nelle loro anime, erano finalmente americani!

Una delle volte in cui gli italiani di Oswego diedero prova della loro alleanza agli Stati Uniti d'America fu in occasione della Festa di Sant'Antonio da Padova nel 1917. Questa grande festa italiana veniva di solito osservata sia con celebrazioni ecclesiastiche e altri festeggiamenti. Ma quell'anno, con la guerra, le assemblee, le parate, i fuochi d'artificio furono messi da parte.

been met, the immigrant was sworn in as a citizen of the United States and issued a Certificate of Naturalization.

Naturalization continued to be on the minds of both the immigrants and of the United States government. Questions 15 and 16 on the 1910 U. S. Census schedule asked in what year immigration took place and if the respondent was an Alien or Naturalized. In the 1920 Census a third question asked for the year of Naturalization. By 1930, there was still another question regarding citizenship on the census. The question in this category asked if the respondent spoke English. In 1940, the question about immigration year was gone, but there was still a question about the country of birth and the citizenship status of the foreign born. As America watched the war in Europe progress in the 1940s, the Alien Registration Act required non-citizens over the age of 14 to register as aliens.

The new Aeolian citizens soon learned that American freedom and justice were meant for all. The American dream was becoming a reality. The roads were not actually paved with gold, but the roads could lead them anywhere they chose to go. The Eoliani were coming out of the security of home, and protection of family, and venturing out to make contributions and changes for the better in the Oswego community. Political parties opened up to them and they were voting, and even running for offices. They were buying homes and land and starting new businesses. They were playing in bands and orchestras and joining civic organizations. Bowling leagues, baseball, football, and basketball teams all welcomed the Italians. They were learning about democracy and standing up for their rights. Although they would always be Italian in their hearts and souls, they were finally Americans!

One of the ways the Italians of Oswego showed their allegiance to America occurred on the Feast of St. Anthony of Padua in 1917. This great Italian feast day was usually observed both with a church celebration, such as a High Mass, and with secular activities. But that year, in deference to the seriousness of the war, the meetings, parades, fireworks, and other social events were put aside.

Gli italiani sventolavano la bandiera americana insieme a quella italiana nei luoghi di incontro, in chiesa e nelle parate. Un piccolo aneddoto pubblicato sull'Oswego Daily Times nel 1918 raccontava di un commerciante italiano di Liberty Street che espose le bandiere di Stati Uniti e Italia sulla stessa asta all'entrata del suo negozio. Un giorno una donna che passava gli fece notare che la bandiera americana dovesse essere nella parte superiore. Il negoziante cambiò il posizionamento delle bandiere, felice della lezione di civiltà appena appresa.

Italians also proudly displayed the American flag along with the Italian flag in meeting places, in church, and in parades. A small anecdote in a 1918 *Oswego Daily Times* told of an Italian grocer on Liberty Street who flew both the American and Italian flags on a pole in front of his store. One day a woman walking by pointed out that the American flag must be on top. The grocer happily switched the flags after this little civic lesson.

Family name	Given name or names
FAMULARO	BARTOLO
Address	
OSWEGO, NEW YORK	
Certificate no. (or vol. and page)	Title and location of court
VOLUME 1 PAGE 253	7315 OSWEGO COUNTY COURT
Country of birth or allegiance	When born (or age)
ITALY	
Date and port of arrival in U. S.	Date of naturalization
	NOVEMBER 2 - 1891
Names and addresses of witnesses	
PETER MᶜGOVERN — OSWEGO, NEW YORK	
JOSEPH A. RUSSO — OSWEGO, NEW YORK	

U. S. Department of Labor, Immigration and Naturalization Service. Form No. 1-IP. 14—3202

Bartolo Famularo, Lipari, one of the first Italians to become an American citizen in Oswego
Bartolo Famularo, di Lipari, e stato uno dei primi italiani a diventare Cittadino Americano a Oswego
courtesy of Oswego Records Center

10. Gli Affari

Abbiamo chiesto dei lavoratori. Sono arrivate persone.

⁓Max Frisch

Gli eoliani stavano lasciandosi alle spalle il ruolo di manovali. Si specializzavano nelle fabbriche, costruendo caldaie e macchinari. Riparavano locomotive e si formavano come macchinisti. Altri abbandonavano il lavoro a giornata come muratori, o nelle fabbriche e negli stabilimenti tessili, per diventare imprenditori. Nel 1911, gli italiani acquistavano proprietà e avviavano nuove imprese lungo Bridge Street e nel Second Ward.

La maggior parte di quelle prime attività imprenditoriali arebbero potute esistere anche nella loro vecchia patria: bancarelle di frutta e negozi di alimentari, calzolai, aziende agricole, barbieri, ristoranti, bar e panifici erano tutti modi familiari di entrare nel mondo dell'imprenditoria. A volte le donne avevano un ruolo nella gestione degli affari di famiglia, spesso diventando abili sarte e lavorando fuori casa.

Molti dei botteghe a conduzione familiare o mom and pop stores in città erano gestiti da immigrati eoliani. Angelo Peluso, di Lipari, e sua

10. Taking Care of Business

We asked for workers. We got people instead.

⌁Max Frisch

The Eoliani men were moving out of their roles as unskilled laborers. They were becoming skilled workers in factories, making boilers and running machines. They repaired trains and became train engineers. Others began to move from working as day laborers, or in mills and factories, and into the role of entrepreneurs. In 1911, Italians were buying up property and starting new businesses along Bridge Street and in the Second Ward.

Most of the early businesses started by the Italians were ones they could have had in the old country. Fruit stands and grocery stores, shoe sale and repair shops, farms, barber shops, restaurants, bars, and bakeries were all familiar ways to break into the world of business. Sometimes women took a role in running the family business. They also became skilled seamstresses, working out of their homes.

Many of the mom and pop grocery stores around town were owned and operated by Eoliani immigrants. Angelo Peluso, from Lipari, and

moglie Gaetana Falanga, iniziarono come negozianti sulla East Ninth and Seneca, dove la Grosseria Italiana era specializzata nella vendita di prodotti italiani come olio di oliva, formaggi, carni, pane e noci, oltre che di prodotti per la casa. Nel 1913 era nell'elenco dei "Leading Merchants" di Oswego e partecipò al programma statunitense Merchandise Stamp con il quale ai clienti venivano regalati dei bollini, stamp, in base a quanto spendevano. Una volta completata la raccolta si riceveva un buono del valore di $2,50 da spendere nel negozio di Angelo. Negozio che divenne un luogo di incontro per la comunità italiana, dove si organizzavano riunioni e la sagra della Altar Rosary Society di St. Joseph. La sagra fu un grande successo e con la vendita di dolci, gelati, fiori e bandiere vennero raccolti molti più soldi del previsto. C'era del buon cibo e una banda che suonava. Con il suo fiuto per gli affari, ben presto Angelo diventò anche rivenditore di biglietti di una compagnia navale italiana. In un solo inverno i biglietti per le quattordici traversate verso l'Italia andarono letteralmente a ruba: ottantacinque furono i connazionali che comprarono i biglietti nel negozio di Angelo solo quell'anno. Al Market di Peluso si effettuavano anche trasferimenti di denaro verso l'Italia, e quando l'asilo del State Teachers College aveva bisogno di una nuova sede, Angelo gli fornì una sistemazione temporanea affittando la sua proprietà di East Seventh and Church Street.

A pochi passi da Peluso, Santori Onifora gestiva un'altro negozio di alimentari. Anche lo strombolano Gaetano D'Alia vendeva alimentari, a East Seneca Street, sede tra l'altro dell'ufficio postale italiano nel Second Ward. John D'Ambra aveva un negozio a 24 East Seventh Street ed in seguito un fruit market.

Salvatore Russo di Lipari e la moglie Frances Cannistra di Stromboli gestivano una piccola bottega all'angolo tra East Tenth e Seneca Street nel Second Ward. Russo, i capelli mossi neri, i baffi e la camicia bianca, accoglieva i clienti con un cenno del capo. Il negozio era sempre ben rifornito di pane e cibo in scatola. Le mamme mandavano i figli per la spesa quotidiana: pane, burro e latte. Era anche rino-

his wife Gaetana Falanga started out as grocers on East Ninth and Seneca, where the *Grosseria Italiana* specialized in Italian goods such as olive oil, imported cheeses, meats, breads, fruits, and nuts, as well as domestic products. In 1913, he was listed as a "Leading Merchant" in Oswego. He participated in the United States Merchandise Stamp program. Stamps were given to customers based on the amount they spent. When a book was filled with stamps it was worth $2.50 and they could use the stamps to buy merchandise in Angelo's store. Angelo's store became a meeting place for the Italian community. From his store, he held meetings and organized a carnival for the St. Joseph's Altar Rosary Society. His carnival was a great success and raised more money than anyone could have imagined. Cakes, ice cream, flags, and fresh flowers were sold at the carnival. There was good food and a band played music. With Angelo's talent for business, he soon ventured to become an agent for an Italian steamship line. Tickets for berths aboard the 14 ships headed to Italy in the winter sold quickly. As many as 85 Italians who wished to return to Italy's sunny shores for the cold months bought tickets from Angelo one year. Wire transfers of money bound for Italy were also completed at Peluso's market. When a nursery school housed at the State Teachers College needed to find a new place to operate, Angelo rented his property at East Seventh and Church Street, providing a temporary home for the children.

Down the street from Peluso, Santori Onifora also ran a small grocery store. Another Eoliani who owned a grocery store was Gaetano D'Alia from Stromboli. He established a grocery on East Seneca Street. In addition to serving the grocery needs of the neighborhood, his store became the site of the Italian post office in the Second Ward. John D'Ambra operated a store at 24 East Seventh Street and later owned a fruit farm.

Salvatore Russo from Lipari, and his wife, Frances Cannistra from Stromboli, ran a grocery store on the busy corner of East Tenth and Seneca Streets in the Second Ward. Russo, with dark wavy hair, a bushy mustache, and a clean white shirt, greeted customers with a nod. Pyramids of canned goods lined the large windowsills and the shelves were

mato per il gelato e i sandwich di gelato. I bambini andavano matti per quelli a stecco: ghiaccioli, alla crema, al caramello. La porta di Russo in estate era sempre aperta e la l'acchiappamosche marrone che pendeva dal soffitto era, seppur ripugnante, prova che ci tenesse all'igiene.

A 147 West Buren Street aveva sede i negozio di Frank Bartolo, mentre Carmelo Toscano vendeva frutta e verdura nel suo Italian Market di Van Buren Street. Nel 1916 il negozio fu distrutto da un incendio, ma Toscano lo ricostruì rinominandolo Modern New Market e specializzandosi in ogni tipo di carne: bistecche, lombata, controfiletto, brasato, salsicce italiane, tritato di manzo, costolette di agnello e fegato. Possedeva anche muck land a Whitaker Road e fu nominato Notary Public—pubblico ufficiale con particolari competenze in materia non contenziosa. Bartolo Famularo, invece, era proprietario di un alimentari a East Tenth and Shuyler.

La figlia di Angelo Marturano, Anna, e suo marito, Angelo J. Spano di Lipari, gestirono un piccolo negozio di alimentari all'angolo di Wast Ninth and Schuyler per trentasette anni. Affettavano prosciutto, capocollo, salame, mortadella e formaggi come Provolone, pecorino e parmigiano. Vendevano pane italiano e prodotti da forno, cibi in scatola e gelati. Alla cassa le caramelle facevano da richiamo per i bambini del quartiere. Mrs Spano, capelli raccolti in una retina e grembiule, appariva da dietro la tenda che separava casa e negozio e con occhio vigile controllava i bambini impegnati a scegliere le caramelle da comprare. Da Spano si trovava anche un vasto assortimento di biscotti Stella Doro. Nel 1929 Mr Spano iniziò a interessarsi al muck farming e, con la moglie e i figli, aprì lo Spano Gardens.

Le Muck Farms sono enormi appezzamenti di terreno paludoso, ricco e fertile, perfetto per la coltivazione di cipolle, sedano e lattuga. Situata a Hill Road, la Spano Gardens era una delle muck farms più grandi. Angelo faceva parte della Vegetable Growers Association, associazione dei coltivatori. Gli eoliani venivano da una lunga tradizione agricola, e molti altri seguirono l'esempio di Spano aprendo le proprie

always well stocked with bread. Mothers sent their children to Russo's for the basic necessities: bread, butter, and milk. His store was a popular place for ice cream: cartons of ice cream and ice cream sandwiches. Children visited the store for ice cream on a stick: creamsicles, popsicles, and fudgsicles. Russo's door, always stood open in summer time, and coiled brown flypaper dangling from the ceiling, a bit repelling to look at, were proof he cared about hygiene.

Frank Bartolo's grocery store was located at 147 West Van Buren Street. Carmelo Toscano also operated an Italian market with a complete line of fresh fruits and vegetables on Van Buren Street. In 1916, a fire destroyed the store, but Toscano rebuilt his business, the Modern New Market, on East Tenth Street, which became very prosperous. He specialized in all kinds of meats: round steak, porterhouse steak, sirloin steak, pot roast, Italian sausage, ground beef, lamb chops, and liver. He also owned muck land on the Whitaker Road and was appointed as a Notary Public. Bartolo Famularo was the proprietor of a grocery store at the corner of East Tenth and Schuyler.

Angelo Marturano's daughter Anna and her husband, Angelo J. Spano from Lipari, operated a busy little grocery store at the same corner at East Ninth and Schuyler for 37 years. They sliced fresh Italian deli meats, such as prosciutto, capicola, salami, and mortadella, and cheeses like provolone, pecorino, and Parmesan. They carried Italian bread and other baked goods, canned goods, and ice cream. Just below the checkout counter was a penny candy section, which attracted the neighborhood children. Mrs. Spano, with her hair often in a net and always wearing a full-length apron tied at the neck and waist, would pop out from behind a homemade curtain separating the store from the home, to keep a sharp dark eye on the children who spent a lot of time selecting candy. Large assortments of Stella D'oro cookies were always available at Spano's. In 1929, Mr. Spano became interested in muck farming, and along with his wife and sons he developed and operated a muck farm called Spano Gardens.

Muck farms are huge tracts of low swampy land with rich, dark, black soil, very fertile and especially good for growing onions, celery, and let-

muck farms: Russo, Tesoriero, Natoli, Zagame e Stancampiano. Angelo Peluso e il figlio Frank ne aprirono uno a Kingdom Road, che poi vendettero a un altro eoliano d'origine, Patrick D'Ambra.

Un folto numero di eoliani aprirono negozi di barbiere. I Cortese, ad esempio, erano una famiglia di barbieri ed estetisti. A diciotto anni Dominic J. Cortese aveva il suo salone di barbiere a 160½ W. Bridge Street negli anni '30.

Il Cortese Beauty Shop al numero 147 di E. Bridge Street fu aperto nel 1934 da Joseph Cortese e la moglie Francesca Famularo, entrambi originari di Lipari. L'anno dopo, Grace Cortese aprì un salone di bellezza a 92 East Fifth Street.

Erano tanti i barbieri eoliani nel Second Ward: Albert Famularo a 159 East Bridge Street, Joseph LaMote a 131 Wast Bridge, Angelo Natoli a 71 East Seneca e Anthony Natoli a 100 East Bridge. Angelo Marturano aveva lavorato come barbiere all'angolo di East Ninth e Shuyler Street, nel Second Ward.

James Tesoriero gestì per molti anni un negozio di alimentari, in seguito divenuto panificio, a East Ninth tra Cayuga e Bridge Street. L'odore del pane era meraviglioso, ed il negozio spesso operava sulla fiducia. Si mettevano i soldi in una lattina e si prendeva il filone di pane italiano. Nei primi tempi il pane veniva distribuito da un carretto, sostituito poi da un più moderno furgoncino.

Joseph E. Famularo aprì le pompe funebri Familo Funeral Home nella casa di suo padre a 100 East Tenth Street, dove offriva un servizio "coscienzioso e sincero". Ben presto gli affari crebbero e si trasferì in una sede più grande all'angolo di West Fourth e Oneida Street, nei locali vendutigli dalla Oswego Historical Society. Si fuse poi con un'altra ditta e fondò la Sugar&Familo Funeral Home. Lawrence "Allie" Famularo era titolare della Familo's Appliance and Heating, rivenditore di elettrodomestici, a 92 East Bridge Street, Samuel Famularo di un tabacchi a 129 E. First St nel 1927, e nel 1935 di un'officina.

Qualche eoliano entrò nel mondo della calzoleria. Alcuni effettuavano riparazioni, altri vendevano scarpe nuove e altri ancora

tuce. Located on the Hall Road, Spano Gardens was one of the area's largest muck farms. Angelo was also a developer and member of the Vegetable Growers Association. The Eoliani had centuries of experience in farming. In the early days, the muck farms employed many Italian workers. Other Eoliani—Russo, Tesoriero, Natoli, Zagame, and Stancampiano—followed in Spano's footsteps by starting their own muck farms in Oswego County. Angelo Peluso and his son, Frank, owned a large muck farm east of Oswego on the Kingdom Road, which they later sold to another Aeolian descendant, Patrick D'Ambra.

Quite a few Eoliani started barbershop businesses. There were a number of barbers and beauty salon owners in the Cortese family. Domenic J. Cortese, age 18, owned a barbershop at 160 ½ West Bridge Street in the 1930s.

The Cortese Beauty Shop located at 147 East Bridge Street was opened in 1934, by Joseph Cortese and his wife, Francesca Famularo, both from Lipari. A year later, Grace Cortese opened a beauty salon at 92 East Fifth Street.

Other Eoliani and their children became barbers and opened shops in the Second Ward. Among them were Albert Famularo at 159 East Bridge Street, Joseph LaMote with a shop at 131 East Bridge, Angelo Natoli at 71 East Seneca, and Anthony Natoli with a shop at 100 East Bridge. Angelo Marturano had worked as a barber on the corner of East Ninth and Schuyler Streets, also in the Second Ward.

James Tesoriero had a grocery store, which later became a bakery for many years, at East Ninth between Cayuga and Bridge Streets. The bread smelled wonderful and the store often operated on the honor system. You could put money in a can on the counter and take your loaf of Italian bread. In the early days, a horse and wagon delivered fresh bread to local customers. Later, when the business grew into a popular modern bakery in downtown Oswego, a van delivered bread to customers.

Joseph E. Famularo opened the Familo Funeral Home in his father's home at 100 East Tenth Street, where he offered "conscientious, sincere service." Soon the business grew and he moved to larger quarters on the

facevano tutte e due le cose. Joseph Bontomase e la moglie Rosia Zaia di Lipari aprirono un negozio di calzature a 77 East Bridge Street, che gestirono per più di quarant'anni. Quando il marito morì nel 1993, Mrs Bontomase continuò l'attività per qualche anno. Corso Shoes, dove si vendevano e si riparavano scarpe, si trovava a 79 East Seneca. Joseph Vergona venne da Lipari a Oswego da giovane. Era proprietario di un negozio di calzolaio a E. Bridge St. , lavorando con passione.

Il cibo ha sempre avuto un posto speciale nel cuore degli italiani. Alcuni dei tanti ristoranti italiani di Oswego erano di proprietà di eoliani intraprendenti: Teresa D'Alia gestiva il D'Alia Restaurant a 97 East Seneca, cucinando per piccole comitive, Thomas Falanga aveva un ristorante a 104 East Ninth. Al numero 118 di West Second c'era il Grill di Joseph Furnari, Bartolo Rando aprì un ristorante a 281 West Eight mentre il locale di Bartolomeo Rodiquenzi, il Lake Shore Restaurant a 33 Mitchell Street, era un ritrovo popolare del venerdì sera, specializzato in frutti di mare, zuppa di vongole e di piselli. Il venerdì ai cattolici praticanti si servivano sandwich di pesce fritto. Al Lake Shore si andava anche per ballare, passatempo amato dagli italiani, e per ascoltare musica e intrattenimenti dal vivo.

Joseph Zaia Sr aveva appreso il mestiere di muratore in Italia, e continuò a praticarlo anche a Oswego. Divenne appaltatore e nel 1920 aprì un deposito di legname, Joseph Zaia and Company, al 101 E. Tenth St, nel cuore della comunità italiana. Oltre alla legna, Zaia vendeva chiodi, mattoni, scandole, pitture, vernici, smalti e altri materiali edili. Era fiero del suo lavoro e si vantava di vendere solo materiale di prima qualità. Nei giornali faceva pubblicare annunci nel quale ricordava che delle buone fondamenta sono necessarie a qualsiasi opera. "Noi crediamo a Oswego", amava scrivere o "Quando si usano i materiali di Zaia, sarete sicuri che dureranno nel tempo" e "Una casa costruita sulla sabbia crollerà". Oltre agli affari amava anche il lavoro fisico, e spesso lo si poteva trovare , anche dopo i settant'anni, arrampicato su qualche tetto a lavorare al camino.

corner of West Fourth and Oneida Streets on property sold to him by the Oswego Historical Society. Later on, he merged with another undertaker to form the Sugar & Familo Funeral Home. Lawrence "Allie" Famularo owned Familo's Appliance and Heating at 92 East Bridge Street. Samuel Famularo owned a cigar and tobacco shop at 129 East First Street in 1927, and later, in 1935, had an auto repair shop.

A few Eoliani went into the shoe business. Some did repairs, some sold new shoes, and some provided both services. Joseph Bontomase and his wife, Rosina Zaia from Lipari, operated a shoe store at 77 East Bridge Street for more than 40 years. Upon the death of her husband in 1933, Mrs. Bontomase continued the business for several more years. Corso Shoes was located at 79 East Seneca, where he sold and repaired shoes. Joseph Vergona came from Lipari to Oswego as a young man. He was the owner of a shoe repair shop on East Bridge Street and took much pride in his work.

Food has always been close to the heart of the Italians. It wasn't long before the enterprising Eoliani joined in opening some of the many Italian restaurants in Oswego. Teresa D'Alia operated the D'Alia Restaurant at 97 East Seneca. She catered to small parties and banquets. Thomas Falanga had a restaurant at 104 East Ninth. Joseph Furnari's Grill was located at 118 West Second Street. Bartolo Rando opened a restaurant at 281 West Eighth. Bartolomeo Rodiquenzi's establishment was the Lake Shore Restaurant, at 33 Mitchell Street. The Lake Shore was a popular place for spaghetti dinners, and on Fridays they advertised steamed and baked clams, clam chowder, and pea soup. On Friday nights the specialty was fried fish sandwiches for all of the Catholics who didn't eat meat on those days. The Lake Shore was also a good place to go dancing, always popular with the Italians, or to listen to different types of live music and entertainment on the weekends.

Joseph Zaia, Sr., who had learned the mason's trade in Italy, continued in that line of work in Oswego. He became a contractor and in 1920 he established a lumberyard, Joseph Zaia and Company, at 101 East Tenth Street. Located in the heart of the Second Ward's Italian

John Galletta aprì una serra dove vendeva semi, fiori, vasi, urne e verdure. La sua specialità erano i pomodori, da piantare nell'orticello di casa ed i gerani da portare al cimitero o da piazzare sui davanzali delle finestre. Dopo qualche anno acquistò del terreno fuori città per espandere la sua impresa. Mary Tesoriero era proprietaria del Valley Dress Shop, sartoria, a Mexico, N.Y., con una filiale a Oswego. D'Amico's Venetian Blinds vendeva persiane a 194 West Seventh St. Qui le persiane si facevano su misura, in molti colori e per ogni tipo di finestra, ma si riparavano anche. John Furnari vendeva e riparava gomme nel suo negozio di 156 West First St.

Alcuni eoliani si stabilirono a qualche miglio da Oswego, nella cittadina di Fulton. Rosario Mirabito, di Lipari, e sua moglie Frances Anna Zaia aprirono una piccola bottega all'angolo di Erie St., e poi un supermercato a Cayuga Street, altri tre negozi a Fulton e un minimarket nel vicino paesino di Hannibal.

Uno dei primi eoliani di Fulton, cittadino in vista, era il liparoto Frank Zaia. Arrivato a Fulton da giovane, Zaia in tarda età ne ricordava le strade sterrate, i marciapiedi e i ponti di legno. Il sistema di chiatte era operato dai cavalli. Già nel 1909 Zaia aveva diversi interessi imprenditoriali e prendeva parte alla vita politica della città. Era inoltre membro di molte associazioni. Con la moglie Anna Mary Cincotta vendeva frutta, verdura e carne, aprendo poi un grill bar a Fourth e Ontario Streets fino agli anni del proibizionismo. Fu il primo nel 1933, alla fine del proibizionismo, a richiedere la licenza per la vendita della birra. Acquistò il Fulton Hotel e lo migliorò. Permetteva ai clienti di portare il loro pesce, friggendolo gratuitamente. Divenne un agente immobiliare, aprì un negozio di barbiere, affittava appartamenti, case e garage e divenne anche agente per la zona Nord dello stato di New York della compagnia navale White Star. Grato per la vita che aveva avuto l'opportunità di costruirsi a Fulton, Frank Zaia sosteneva molte associazioni benefiche, come il fondo per i poveri o l'associazione per i veterani.

La Oswego degli anni '30 e '40 era molto cambiata. Gli affari andavano a gonfie vele, le strade del centro erano piene di nuovi negozi e

community, Zaia sold lumber, nails, bricks, shingles, paints, varnishes, enamels, and other building materials such as masonry supplies. Zaia was proud of his business and claimed to stock only high-quality materials. He took out ads in the paper where he reminded people a good foundation was necessary in all construction work. In his newspaper ads, Joseph liked to put in little sayings: "We believe in Oswego," "When Zaia materials are specified, you're sure that the job will last," and "A house built on sand will fall." He enjoyed the physical work as well as operating the business and could be found climbing on roofs to work on a chimney well into his late 70s.

John Galletta started a greenhouse business where he sold seeds, flowers, pots, urns, and vegetables. He specialized in tomato plants for the home garden and geraniums to plant in the cemetery or in window boxes. Later he bought land outside of the city to expand the business. Mary Tesoriero had the Valley Dress Shop in Mexico, N. Y., and another shop in Oswego. Damico's Venetian Blinds was located at 194 West Seventh Street. Blinds could be custom made in many colors to fit all windows. Blinds were cleaned and repaired too. John Furnari sold and repaired tires at his shop at 156 West First Street.

A few Eoliani settled about 10 miles down the road from Oswego in the city of Fulton. Rosario Mirabito was from Lipari. Mr. Mirabito and his wife, Frances Anna Zaia, started out in the grocery business with a little corner market on Erie Street. Later they opened a larger supermarket on Cayuga Street, along with three other small stores in Fulton and a mini-mart in the nearby village of Hannibal.

An early and very enterprising man from Lipari, and a popular citizen of Fulton, was Frank Zaia. Coming to Fulton as a young man, Zaia later recalled the mud streets, wooden sidewalks, and bridges of the area. Horses supplied power for the barge canal system. From as early as 1909, Zaia was involved in a number of different businesses and took part in the civic affairs of the city. He was also a member of a number of social organizations. He and his wife, Anna Mary Cincotta, went into the grocery, fruit, and meat business in Fulton and later also operated

i clienti arrivavano in automobili. A guidare le navi in porto c'era un faro nuovo di zecca. Si costruivano silos e frangiflutti. I taxi sostituirono i filobus, mentre i treni viaggiavano veloci verso New York e oltre. Oswego era collegata a Ontario da un servizio di traghetti. I quotidiani venivano distribuiti per le case.

Anche l'atteggiamento nei confronti degli italiani era cambiato. Nel 1935 il giudice Francis D. Culkin ne elogiò i successi e li definì "particolarmente adatti alla democrazia. Hanno dato un grande contributo agli Stati Uniti". Il sindaco Richard Cullivan lodò invece la laboriosità ed il desiderio di successo degli italiani durante i decenni precedenti quando dichiarò "È un onore per me incontrare e lavorare con molti dei primi immigrati italiani". E continuò "Il loro primo pensiero arrivando in un luogo dove l'offerta di lavoro era promettente fu quello di dare una casa alle loro famiglie". Aggiunse che gli italiani, provenienti da una società contadina dove i figli venivano mandati a lavorare nei campi, presto impararono il valore dell'istruzione. Quei figli e nipoti mandati a scuola erano diventati "figure importanti nei campi della legge, della cultura, dei trasporti e dell'industria, in ogni campo insomma". Nel 1935 un gran numero di italiani erano impiegati dall'amministrazione comunale. Era utile la loro abilità di contrattare sia in inglese che in italiano. A Oswego il sentimento comune era che, benché gli italiani fossero dei nuovi arrivati, il loro contributo stava cambiando la città per il meglio. Erano orgogliosi proprietari di case, avviavano imprese, pagavano le tasse, si interessavano di politica locale e nazionale. Diventavano membri di associazioni civiche e assumevano al loro interno dei ruoli di leadership. Facevano parte di Oswego, e Oswego faceva parte di loro.

a bar and grill at Fourth and Ontario Streets until the beginning of Prohibition. After Prohibition, in 1933, Zaia was among the first in the area to apply for a federal license to sell beer. He took over the Fulton Hotel and made improvements to the property. Mr. Zaia let customers bring in their own fish and he would fry it up free of charge. Mr. Zaia became a real estate broker. Buying up many properties, he constructed a barbershop and rented apartments, houses, and garages. Zaia acted as the northern New York ticket agent for the White Star Steamship Line. Appreciating the life he was able to lead in Fulton, Frank Zaia was a proud contributor to many charities such as the Poor Fund and the Veteran's Relief Fund.

A lot had changed in Oswego by the 1930s and 1940s. Businesses were thriving. Downtown streets were lined with many new stores and automobiles brought the customers to shop. A new lighthouse directed the many ships bringing cargo to the port city. Grain elevators were built, and break walls were constructed. Taxis replaced trolleys. Excellent train service allowed locals to head off to New York City and beyond. Ferries connected Oswego with Ontario. Newspapers were home delivered.

Citizens were changing their attitudes towards the Italians. In 1935, Judge Francis D. Culkin praised the accomplishments of the Italian people and claimed them to be "particularly adapted for free government and have made great contributions to the United States." Mayor Richard Cullivan lauded the hard work and desire to do well the Italians had shown in the previous decades when he said, "It was my privilege to meet and work with many of the early Italian settlers." He went on to say, "Their first thought on settling in a place where steady employment was promising was to provide homes for their families." His remarks continued about how the Italians, who had come from a mostly agrarian society where children worked in the fields, soon learned to value education for their children. Those children and grandchildren were now "outstanding figures in the areas of law, education, transportation, industry, and all walks of life."

Angelo Peluso
transmissione de denaro
Grosseria Italiana
Generi Importati E Domestic
Specialita' Olio D' Oliva
Cor. East Ninth and Seneca Sts.
No. 126 Ninth Street
Telephone 1534-J   Oswego, N. Y.
We Give United States Merchandise Stamps
Bring the Free Coupon

Oswego Daily Times, April 4, 1913

Thomas Bontomase's shoe store
Negozio di scarpe di Tommaso Bontomase
courtesy of Frederick Kacprzynski

By 1935, Italians held a number of jobs in the city's administration. The ability to transact business in both English and in Italian was a good thing for the city. The feeling in Oswego was that although the Italians were relative newcomers, their contributions to the city were making a difference in a number of ways. They had strong family values and took pride in home ownership. They were starting businesses and paying taxes. They were voting and taking an active interest in local and national politics. They were joining civic organizations and taking on leadership roles in them. They were a part of Oswego and Oswego was a part of them.

Tesoriero's Bakery
Pasticceria di Tesoriero
courtesy of Carolyn Tesoriero

Spano's Market owned by Angelo Spano from Lipari and wife Anna Marturano
Spano
Il mercato di Angelo Spano di Lipari e Anna Maturano
courtesy of John, Shannon, Jennifer and Karl Spano

Tony Cortese barber shop
Barbiere di Antonio Cortese
courtesy Art McManus

11. Mangia!

*Tutti devono lasciare qualcosa in eredità quando muoiono... Qualcosa
che hai toccato con mano, affinché la tua anima abbia un posto dove
rifugiarsi alla tua morte...Non importa cosa fai se cambi quel qualcosa e
fai sì che ti assomigli quando levi la mano.*
~Ray Bradbury, Fahrenheit 451

Alla fine degli anni '20, gli eoliani facevano la differenza a Oswego.
Erano integrati nella comunità e condividevano con essa la loro
cultura e il loro cibo, sia dolce che salato. Tutti a Oswego impararono
ad amare la cucina italiana. Le verdure e i fagioli, la pizza e la pasta, una
volta snobbati come cibi per italiani poveri, sono ora serviti su tutte
le tavole americane, a casa e nei ristoranti. La cucina italiana è la più
popolare d'America e anche Oswego vanta numerosi ristoranti italiani
e pizzerie. Molti piatti derivano da quelle ricette portate a Oswego dagli
eoliani, come i sandwich con la salsiccia, la pasta di pane fritta, la parmigiana di melanzane e i biscotti venduti durante le fiere estive, amati
da tutti.

11. Mangia!

Everyone must leave something behind when he dies . . . Something your
hand touched some way so your soul has somewhere to go when you
die . . . It doesn't matter what you do, so long as you change something
from the way it was before you touched it into something that's like you
after you take your hands away.
∼Ray Bradbury, *Fahrenheit 451*

By the end of the 1920s, the Eoliani were making a difference in the city of Oswego. They were assimilating into the fabric of the community as well as sharing their culture and food, both savory and sweet. All the people of Oswego grew very fond of Italian food over the years.

The greens and beans, pizza and pasta dishes, once looked upon as fit for only poor Italian families, are now served all across America—at home, and in the best restaurants. Italian is still the most popular foreign food in America and Oswego boasts many fine Italian restaurants and pizza shops. Although most people don't realize it, many of the dishes are a direct result of the ingredients and recipes brought to Oswego by the Eoliani. These include sausage sandwiches, fried bread

La cucina eoliana è ricca di sapori provenienti dai paesi dei colonizzatori e dalla pesca. Particolarmente intensa è l'influenza degli arabi e dei greci con le loro spezie. Molti piatti isolani hanno come ingredienti pomodori, uova, melanzane, tonno, sardine, merluzzo, olive, capperi, salsicce, pinoli, pistacchi, nocciole, castagne, mandorle, pollo, olio d'oliva, limoni, arance, rosmarino, origano, aglio, pane e naturalmente, pasta. Il condimento per la pasta è spesso a base di capperi, pomodori freschi, verdure e pesce. Per fortuna il pesce abbonda nel lago Ontario e nel fiume Oswego, che fornivano agli eoliani specie nuove in sostituzione di tonno, pescespada, sardine, totani, cozze e vongole ai quali erano abituati. Raramente utilizzavano il ragù che si prepariamo adesso in America. Tuttavia oggi nei menù di tutti i ristoranti troviamo sempre più termini italiani, come insalata, zucchine, calamari, caponata, bruschetta, fritti, tortellini, risotto, alfredo, gnocchi, pasta e fagioli, minestrone, pecorino, ricotta, salami, parmigiano e mozzarella per citarne alcuni.

Gli eoliani amano i dolci e i loro dolci sono diventati popolari anche a Oswego, così gelato, tiramisù, biscotti, marzapane e cannoli sono diventate parole comuni.

dough, eggplant Parmesan, and the biscotti sold at summer fairs and church festivals, enjoyed by all.

Aeolian cuisine is full of flavors that come from a mixture of the best of the many conquering countries and the Islands' strong fishing traditions. Greek and Arab influence is particularly intense: savory and spicy. Many of the traditional Island dishes often include classic Aeolian fruits and vegetables such as tomatoes, eggplant, lemons, fennel, olives, capers, and oranges. Pine nuts, pistachios, hazelnuts, chestnuts, and almonds are important to the Aeolian diet. Cheese, eggs, tuna, sardines, cod, sausage, chicken, olive oil, rosemary, oregano, garlic, bread, and, of course, pasta round out the Aeolian table. Pasta dishes are usually served with capers, fresh tomatoes, and vegetables or fish. Fortunately, fish are plentiful in Lake Ontario and in the Oswego River, which provided the Eoliani with new kinds of fish to replace the tuna, swordfish, sardines, squid, mussels, and clams that were a daily staple in the Islands. They rarely used the meat sauce we now use in America. Because of Americans' growing love of Italian food, more and more Italian words appear in restaurant menus today, such as insalata, zucchini, calamari, caponata, bruschetta, fritti, tortellini, risotto, alfredo, gnocchi, pasta e fagioli, minestrone, pecorino, ricotta, salami, parmesan, and mozzarella to name a few.

The Eoliani are very fond of sweets. Popular desserts from the Islands have always been loved in Oswego so that gelato, tiramisu, biscotti, marzipan, and cannoli have become everyday words.

Aeolian children and grandchildren know the traditional dishes and sweets. All of our nonnas have made biscotti, *gigi*, eggplant parmigiana, fired squash blossoms, *cucuzza* (zucchini) fritters, and *sfinci* for us. They all have their own special twists on the recipes. Some of the recipes in this chapter were contributed by Aeolian women. Many of the recipes are carried in their heads. They are not exact. They were translated and transcribed here, I admit, somewhat imperfectly. Some things, like time or temperature, may be omitted or directions may be a little confusing. But most of the recipes are well known and loved, and still made by the

Ricette Eoliane

Pane di patate
Bruna Cortese

2 tazze di farina
2 tazze di semola
4 patate bollite
1 tazza e mezza di lievito di birra, usare l'acqua di cottura delle patate
sale
uva passa (facoltativo)

Bollire e schiacciare le patate, aggiungendole alla farina. Lavorare bene per 20 minuti, aggiungere un pizzico di sale e far raddoppiare di volume. Dopo un'ora coprire con un canovaccio e una coperta di lana. Dare all'impasto la forma di un filone o di un cerchio e fare una incisione a croce nel centro. Cuocere 60 minuti. Buon Appetito!

Coniglio "Agrodolce"
Bruna Cortese, Lipari

1 coniglio (fresco o surgelato)
2 foglie d'alloro
1 cipolla, tagliata a fette
acqua
olio d'oliva
vino bianco
succo di limone
zucchero

Se si usa il coniglio fresco, pulirlo. Se si usa coniglio surgelato, scongelarlo. Tagliarlo a pezzi e bollire 15 minuti con le foglie d'alloro. Scolare friggere le cipolle in olio d'oliva finché non diventeranno dorate.

descendants of the Islanders. Many of these recipes traveled with our ancestors to America, to Australia, and to South America. This chapter is meant to conjure up memories and to inspire you to try a new dish. And, if you aren't sure of how to proceed, just call your nonna!

Aeolian Recipes
Some have been translated—so bear that in mind!

Potato Bread
Bruna Cortese, Lipari

2 cups flour
2 cups semolina flour
4 boiled potatoes
1 ½ tablespoon yeast (use water from boiled potatoes)
salt
raisins (optional)

Boil and smash potatoes and add to the flour. Work well for 20 minutes and add a pinch of salt. Let dough double in volume. After an hour, cover well with dishtowel then with a woolen cover. Shape the dough into a bread shape or round and make a cross on the top. Bake for 60 minutes. Buon appetito!

Rabbit "Agradolce"
Bruna Cortese, Lipari

1 rabbit (fresh or frozen)
2 bay leaves
1 onion, sliced
water
olive oil
½ cup white wine

Aggiungere mezza tazza di vino bianco. Cuocere finché il liquido non si rapprende ed il coniglio è cotto. Miscelare mezza tazza di succo di limone con 8 cucchiaini di zucchero. Cuocere a fuoco basso finché la miscela non si sarà assorbita. Servire tiepido.

Insalata di Alicudi
500g patate piccole
1 cipolla rossa media
1 cucchiaino origano essiccato
1 dozzina di pomodorini ciliegino o datterini
¼ tazza di capperi
¼ tazza olio extravergine di oliva
¼ tazza di aceto di vino rosso
sale e pepe

Pelare e tagliare le patate a fette, bollire, scolare e lasciare raffreddare. Tagliare le cipolle a fette sottili, tagliare a metà i pomodorini. Miscelare olio, aceto, origano, sale, pepe e sbattere con la frusta. Unire gli ingredienti in una ciotola grande e condire con la miscela.

Caponata Isolana
2 melanzane medie o piccole
1 cipolla, tagliata a dadini
4 cucchiai polpa di pomodoro
2 gambi di sedano, tagliati a dadini
12 olive verdi snocciolate
¼ tazza capperi
2 cucchiai aceto di vino rosso
1 cucchiaio di zucchero
olio di oliva q. b.

Pelare e tagliare la melanzana a cubetti, friggerla fino a che non diventerà dorata e scolare su carta assorbente. Nella stessa padella, aggiun-

½ cup lemon juice
8 teaspoon sugar

If using fresh rabbit, clean first. If frozen rabbit, thaw first. Cut into several pieces and boil 15 minutes with bay leaves. Drain and fry with onion in olive oil until golden brown. Add white wine. Cook until liquid is reduced, and rabbit is cooked through. Mix lemon juice and sugar together. Cook on low heat until liquid is gone. Pour over rabbit. Serve warm.

Insalata di Alicudi
1 pound small potatoes
1 medium red onion
1 teaspoon dried oregano
1 dozen cherry or grape tomatoes
¼ cup capers
¼ cup extra virgin olive oil
¼ cup red wine vinegar
salt and ground black pepper to taste

Peel and cut potatoes into one-inch pieces, boil, drain and cool. Thinly slice the onions into half-rings. Slice the tomatoes in half. Mix olive oil, vinegar, oregano, salt, and pepper and whisk. Put everything in a bowl and toss with dressing.

Caponata Isolana
2 small/medium eggplants
1 medium onion, diced
4 tablespoons of pureed tomato
2 celery stalks, diced
12 pitted green olives
¼ cup capers
2 tablespoons red wine vinegar

gere qualche cucchiaio di olio d'oliva, aggiungere il sedano e le cipolle e cuocere cinque minuti, poi aggiungere le olive, i capperi e la polpa di pomodoro e cuocere a fuoco basso qualche minuto. Aggiungere le melanzane a dadini, l'aceto e lo zucchero e cuocere a fuoco basso. Far raffreddare la caponata e servire a temperatura ambiente.

Zucchine all'isolana
500g zucchine
4 uova grandi
¼ tazza pecorino grattugiato
2 cucchiai di capperi sminuzzati
pepe
olio d'oliva per friggere

Tagliare le zucchine a fette tonde. Sbattere le uova in una ciotola, aggiungere formaggio, capperi e pepe nero. In poco olio d'oliva friggere a fuoco medio le zucchine fino a doratura, aggiungere altro olio se necessario prima di versare le uova. Cuocere e aggiungere formaggio quanto basta.

Insalata di fagioli
Anna Cannistra, Lipari

Fagiolini verdi
Patate piccole
cipolle piccole
pomodori
basilico
origano
olio di oliva
capperi
cetrioli

1 tablespoon sugar
olive oil as needed

Peel and slice the eggplant into one-inch cubes. Fry the eggplant until lightly brown; drain on paper towel. In the same pan, add a couple tablespoons of olive oil, add the celery and onions and cook for five minutes, then add the olives, capers, and pureed tomato and simmer for a few minutes. Return the cooked eggplant to the pan with the vinegar and sugar and simmer until ingredients are well incorporated. Allow the *caponata* to cool and serve at room temperature.

Zucchine all'isolana
1 pound zucchini
4 large eggs
¼ cup grated pecorino cheese
2 tablespoons minced capers
ground pepper
olive oil for frying

Slice the zucchini into round half-inch pieces. Whisk eggs in a bowl and add cheese, capers, and black pepper. Over medium heat, add enough olive oil to coat the bottom of the pan, then add the zucchini and fry until golden brown on each side. Add more olive oil if necessary, pour in the egg mixture, and cook. Add more grated cheese to taste.

Bean Salad
Anna Cannistra, Lipari
green beans
small potatoes, peeled
small onions
tomatoes
basil
oregano

Bollire i fagiolini, le patate e le cipolle finché non saranno tenere. Lasciare raffreddare e unire gli ingredienti in una ciotola con pomodori, basilico, origano, olio d'oliva, capperi e cetrioli.

Spaghetti all'eoliana
500g spaghetti
12 pomodori ciliegino
2 spicchi d'aglio
8 olive
8 olive Kalamata
½ tazza capperi
1 cucchiaino origano essiccato
8 foglie basilico fresco
¼ tazza olio extravergine d'oliva
sale marino
acqua di cottura della pasta

Tagliare a metà i pomodorini, l'aglio e le olive. Aggiungere i capperi e le foglie di basilico. Portare a bollore una pentola di acqua salata, cuocere gli spaghetti. Far riscaldare l'olio in una padella con l'aglio, a fuoco medio, e cuocere due minuti. Aggiungere pomodori, olive e capperi. Quando i pomodori iniziano a rilasciare il sugo, aggiungere l'origano e il basilico. Salare. Aggiungere, se necessario, l'acqua della pasta. Scolare gli spaghetti e condire con la salsa.

Merluzzo all'isole
4 filetti di merluzzo fresco
2 pomodori grandi
8 olive verdi snocciolate
1 cucchiaio capperi
2 spicchi d'aglio
¼ cucchiaino origano essiccato
¼ tazza olio d'oliva
sale marino

olive oil
capers
cucumbers

Boil beans, potatoes, and small whole onions separately in hot water until tender. Let everything cool and then combine. Toss with fresh chopped tomatoes, basil, oregano, olive oil, capers, and cucumbers.

Spaghetti all'eoliana

1 pound spaghetti
12 cherry tomatoes
2 garlic cloves
8 large green olives
8 Kalamata olives
½ cup capers
1 teaspoon dried oregano
8 large torn basil leaves
¼ cup extra virgin olive oil
sea salt
reserved pasta water

Cut the tomatoes in half. Chop the garlic and mince the olives. Add the capers and basil leaves. Bring a large pot of salted water to a boil, add the spaghetti, and cook over high heat. Heat the olive oil with the garlic in a large pan over medium heat, cook for two minutes. Add the tomatoes, olives, and capers. When the tomatoes begin to release their juices, add the oregano and basil. Salt to taste. Add pasta water if too thick. Drain pasta and add sauce.

Merluzzo all'isole

4 fresh cod filets
2 large tomatoes
8 pitted green olives

Far bollire dell'acqua in una pentola piccola e immergervi i pomodori. cuocere finché non si spaccherà la buccia, rimuovere dal fuoco e lasciare raffreddare. Sbucciare, tagliare a metà, rimuovere delicatamente i semi e tagliare. Schiacciare le olive. Risciacquare i capperi e schiacciare l'aglio con una forchetta. Scaldare aglio e olio d'oliva in una padella grande a fuoco medio. Cuocere l'aglio fino a doratura e aggiungere poi i pomodori. Cuocere a fuoco basso qualche minuto. Aggiungere il merluzzo, cuocere altri cinque minuti prima di girarlo, poi aggiungere olive, capperi, origano e sale. Cuocere cinque minuti ancora. Servire.

Costate di Maiale in vino rosso
4 braciole di maiale con l'osso da 220g
2 spicchi d'aglio
2 cucchiai semi di finocchio
1 rametto rosmarino
¼ tazza prezzemolo, tritato
¼ tazza vino rosso
¼ tazza olio extravergine d'oliva
pepe nero macinato e sale

Tritare l'aglio, il rosmarino e il prezzemolo, porre in una ciotola con i semi di finocchio e mescolare. Sfregare le costolette di maiale con olio d'oliva; salare e pepare. Spalmare l'aglio, il prezzemolo, il rosmarino e i semi di finocchio sulle costolette. Far dorare in olio d'oliva da entrambi i lati, poi versare il vino e raschiare il fondo della padella con un cucchiaio. Far ridurre il vino finché non sarà quasi evaporato. Mettere le costolette in un piatto e coprire con ciò che resta della riduzione di vino.

Gigi
2 tazze farina setacciata
170g burro non salato
2 uova grandi
1/3 tazza zucchero

1 tablespoon capers
2 garlic cloves
¼ teaspoon dried oregano
¼ cup olive oil
sea salt

Set a small pot of water to boil and add the tomatoes. Cook until skin breaks, remove, and let cool. Peel off the skin, slice open, and gently squeeze out the seeds, then chop the tomatoes. Crush the olives. Rinse the capers and mash the garlic with a fork. Heat garlic and olive oil in a large frying pan over medium heat. Cook the garlic until it is lightly golden in color, then add the chopped tomatoes and simmer for several minutes. Add the cod filets and cook for five minutes, turn them, then add the olives, capers, dried oregano, and salt to taste. Simmer for five more minutes and serve.

Costate di maiale in vino rosso
4 8-ounce bone-in pork chops
2 garlic cloves
2 tablespoon fennel seed
1 sprig fresh rosemary
¼ cup Italian parsley, finely chopped
¼ cup red wine
¼ cup extra virgin olive oil
ground black pepper and salt

Mince the garlic and rosemary and finely chop the parsley. Place the garlic, parsley, and rosemary in a bowl along with the fennel seeds and stir. Rub the pork chops with olive oil; add salt and pepper. Coat the chops with the garlic, parsley, rosemary, and fennel seeds by pressing the mixture onto the chops. Add pork chops to oil and lightly brown each side, then pour in the wine and scrape the pan with a spoon. Reduce the wine until almost evaporated. Put chops on a plate and cover them with the remaining wine sauce.

1/2 tazza vino dolce o vermouth
2 cucchiaini estratto di vaniglia
olio vegetale
zucchero a velo
la scorza di un limone (facoltativo)
la scorza di una arancia (facoltativo)

In una terrina unire la farina, il burro, lo zucchero, le uova, il vino dolce e l'estratto di vaniglia. Lavorare l'impasto per circa 10 minuti fino a farla diventare soffice e liscia, quindi lasciare riposare per 15-30 minuti. Riscaldare l'olio a 375 °F in una padella dal fondo pesante. Dare all'impasto una forma a filoncino e tagliare in sezioni da 2,5 cm, poi stendere a loro volta in bastoncini da 1 cm. Tagliare i bastoncini in pezzi di circa 2,5 cm, friggerne un paio alla volta nell'olio finché non diventeranno dorati. Rimuoverli dall'olio e porli su un canovaccio per drenare l'olio in eccesso e per farli raffreddare. Una volta raffreddati, versare del vino dolce in un piatto e bagnare i biscotti. A seconda dei gusti, si potranno decorare con la scorza di limone e/o arancia. Asciugare su fogli di carta assorbente e lasciare che assorbano il vino, poi spolverare con zucchero a velo.

Sfinci di San Giuseppe
(una delle mie preferenze per l'infanzia)

2 tazze di farina setacciata
2 cucchiaini di lievito di birra
1 cucchiaino di lievito in polvere
¾ tazza latte tiepido
1 cucchiaino estratto di vaniglia
¼ tazza zucchero a velo
1 cucchiaio cannella in polvere
olio vegetale

Gigi

2 cups pre-sifted flour
6 ounces unsalted butter
2 large eggs
⅓ cup sugar
½ cup dessert wine or Vermouth
2 teaspoons vanilla extract
vegetable oil
confectioner's sugar
1 lemon peel, grated (optional)
1 orange peel, grated (optional)

In a mixing bowl, combine the flour, butter, sugar, eggs, dessert wine, and vanilla extract. Work the mixture for about 10 minutes into soft, smooth dough, and set aside for 15 to 30 minutes. Heat the oil to 375° F in a heavy saucepan. Form the dough into a flat loaf, slice off 1-inch strips, and then roll them into ½-inch sticks. Cut the sticks into small pieces about 1 inch long, then drop several at a time into the frying oil and cook until evenly golden. Remove the pieces from the oil and place on a towel to drain the excess oil and cool. After they are cool, pour some dessert wine onto a plate and coat the cookies with the wine. Grate lemon or orange peel over them if you like. Place the cookies on paper towels and let the cookies absorb the wine, then dust with confectioner's sugar.

Sfinci di San Giuseppe
(one of my childhood favorites!)

2 cups pre-sifted all-purpose flour
2 teaspoons dry yeast
1 teaspoon baking powder
¾ cup warm milk
5 tablespoons sugar

In una terrina grande sciogliere il lievito nel latte tiepido con un cucchiaio di zucchero e lasciare riposare 5 minuti. Aggiungere farina, lievi, lo zucchero restante e l'estratto di vaniglia, poi lavorare l'impasto delicatamente per circa 10 minuti fino a quando non diventerà liscio. Coprire con un canovaccio e lasciare lievitare 30 minuti. Unire il zucchero a velo con la cannella, mettere in un setaccio. Con l'impasto formare delle palline, di circa 3,5 cm di diametro e lasciare lievitare altri 20 minuti. Scaldare l'olio vegetale a 375°F in una padella dal fondo pesante o nella friggitrice. Friggere 4 o 5 sfinci alla volta nell'olio caldo, fino a quando non saranno dorati da entrambi i lati. Far raffreddare e poi spolverare con lo zucchero e la cannella.

Sfinci Zucco
Bruna Cortese, Lipari

1-2 kg zucca
3 tazze farina
1 pacchetto lievito
acqua
sale
uvetta (facoltativo)
zucchero
cannella
rosmarino (facoltativo)
olio vegetale

Far bollire la zucca, scolare, mettendo da parte 1 cucchiaino dell'acqua di cottura. Aggiungere farina, lievito, zucca (uvetta o rosmarino) e acqua, per formare un impasto appiccicoso. Coprire e far raddoppiare in volume per circa un'ora. Far scaldare 2,5 cm di olio in una padella e friggere delle palline di impasto. Asciugare su carta da cucina, spolverare con zucchero e cannella.

1 teaspoon vanilla extract
¼ cup confectioner's sugar
1 tablespoon ground cinnamon
vegetable oil

In a large mixing bowl, dissolve the yeast in the warmed milk with 1 tablespoon sugar and let stand for 5 minutes. Add the flour, baking powder, remaining sugar, and vanilla extract. Gently knead the dough for about 10 minutes until smooth. Cover the bowl with a kitchen towel and set aside to rise in a warm spot for 30 minutes. Mix the confectioner's sugar and cinnamon and put in a shaker or small sifter for dusting the doughnuts. Form the dough into small balls, about 1½ inches in diameter, and let them rise for 20 minutes. Heat the vegetable oil to 375° F in a deep, heavy pan or deep fryer.

Drop 4 to 5 *sfinci* at a time into the hot oil and evenly fry each side until golden brown, then place them on paper towels to absorb any excess oil. Allow the *sfinci* to cool then liberally dust them with the cinnamon sugar.

Sfinci zucco
Bruna Cortese

2–3 pounds pumpkin or squash
3 cups flour
1 package yeast
water
salt
raisins (optional)
sugar
cinnamon
rosemary (optional)
vegetable oil

Salsa Eoliana

1 scatola di penne
4 cucchiai capperi
6 pomodori grandi, tagliati
1 spicchio d'aglio
4 foglie di basilico fresco, tagliate
4 cucchiai olive verdi, tagliate
4 cucchiai olive nere, tagliate
1 cucchiaino origano fresco, tagliato
3 cucchiai olio di oliva
sale

Far bollire l'acqua e cuocere le penne. Nel frattempo, scaldare l'olio in una padella e cuocere l'aglio. Una volta dorato rimuoverlo e aggiungere le olive e i capperi. Cuocere 8-10 minuti. Aggiungere i pomodori, cuocere altri 10 minuti, mescolando di tanto in tanto. Aggiungere origano e basilico. Condire la pasta con la salsa.

Spaghetti con i capperi

½ tazza capperi
3 tazze pomodori tagliati a cubetti
2 spicchi d'aglio schiacciati
4 cucchiai olio d'oliva
4 foglie di basilico fresco
3 foglie di menta fresca

Friggere l'aglio in olio d'oliva e aggiungere pomodori, basilico, menta e cuocere 6 minuti. Aggiungere i capperi e farli riscaldare. Usare la salsa per condire la pasta, spolverizzare con formaggio grattugiato.

Insalata Eoliana

6 patate bollite
1 tazza pane italiano tagliato a cubetti e tostato

Boil pumpkin until tender, drain, saving 1 teaspoon of water. Combine flour, yeast, pumpkin, raisins, rosemary, and water to form a sticky dough. Cover and let double in volume, about one hour. Heat one inch of oil in a frying pan and drop spoon-sized balls into the oil. Drain on paper towels, sprinkle with sugar and cinnamon.

Aeolian Sauce

1 box penne pasta
4 tablespoons capers
6 large tomatoes, coarsely chopped
1 clove garlic
4 fresh basil leaves, chopped
4 tablespoons green olives, chopped
4 tablespoons black olives, chopped
1 teaspoon fresh oregano, chopped
3 tablespoons olive oil
Salt

Boil water and cook penne. Meanwhile, heat oil in skillet and add garlic. Once golden remove garlic and add chopped olives and capers and cook 8–10 minutes. Add tomatoes, cooking about 10 minutes and stirring occasionally. Add oregano and basil. Toss cooked pasta with sauce.

Spaghetti with Capers

½ cup capers
3 cups diced tomatoes
2 cloves garlic, crushed
4 tablespoons olive oil
4 fresh basil leaves
3 fresh mint leaves
cooked spaghetti

1 tazza pomodorini ciliegino
1 cipolla media, tagliata a fette
⅓ tazza capperi
⅓ tazza olive verdi o nere
2 uova sode, in quarti
olio d'oliva e sale

Tagliare a cubetti o a fette le patate e unire al resto degli ingredienti.

Pasta con pesce spada e menta
1 fetta grande pesce spada, tagliato a cubetti
1 ¼ tazze pomodori, tagliati
2-4 spicchi d'aglio
½ tazza vino bianco
olio d'oliva, sale, pepe e foglie di menta, tagliate
pasta

Cuocere l'aglio e far dorare il pesce. Aggiungere vino, sale e pepe e i pomodori e cuocere a fuoco basso per 5 minuti. Aggiungere la menta e condire la pasta, aggiungendo qualche altra fogliolina di menta fresca se desiderato.

Pasta con zucchine fritte, pomodorini e pancetta
500g penne
1 zucchina, pelata e tagliata a cubetti
½ tazza pancetta fritta croccante
1 tazza pomodori, tagliati
sale e pepe
parmigiano grattugiato
basilico fresco
olio di oliva

Friggere le zucchine in olio d'oliva e asciugare su carta da cucina. Friggere la pancetta fino a che non sarà croccante, aggiungere i pomodori

Fry garlic in olive oil and add tomatoes, basil, and mint and sauté 6 minutes. Add capers and heat through. Serve over pasta with grated cheese.

Aeolian Salad
6 boiled potatoes
1 cup cubed and toasted Italian bread
1 cup cherry tomatoes
1 medium onion, sliced
⅓ cup capers
⅓ cup green or black olives
2 boiled eggs, quartered
olive oil and salt to taste

Cube or slice potatoes, toss with rest of ingredients.

Sword Fish with Mint over Pasta
1 large piece swordfish, cut into cubes
1 ¼ cups tomatoes, coarsely chopped
2–4 cloves garlic
½ cup white wine
olive oil, salt, pepper, and mint leaves, chopped
pasta

Sauté garlic and brown fish. Add wine, salt, pepper, and tomatoes and bring to a simmer for 5 minutes. Add mint and pour over your favorite pasta. Top with additional fresh mint.

Pasta con zucchine fritte, pomodorini e pancetta
1 pound penne
1 zucchini, peeled and cut into cubes
½ cup pancetta
1 cup plum tomatoes, coarsely chopped

e cuocerli fino a farli diventare teneri. Nel frattempo cuocere le penne, scolarle conservando una tazza dell'acqua di cottura. Aggiungere pasta e zucchine alla padella con la pancetta e i pomodori, cuocere qualche minuto. Insaporire con sale e pepe, spolverare con formaggio e basilico.

Dolce casa nonna
Bruna Cortese, Lipari

4 1/8 tazze farina
2 ¼ tazze zucchero
8-10 uova
un pizzico di sale
la scorza di 2 limoni

Unire tutti gli ingredienti bene e formare un biscotto lungo, di circa 4 inchese. Pizzicarne le estremità e il centro con le dita. Spolverare con farina e zucchero e cuocere in forno per 15 minuti a 350 °F.

Chiacchiere al Chioccolato
Angelina Reitano, Lipari

2 cucchiai zucchero
2 uova
3 ½ cucchiai burro
3 ½ cucchiai anice
1dl vino bianco
2 tazze farina
½ pacco lievito
olio vegetale
200g cioccolato fondente

Unire tutti gli ingredienti. Con l'impasto formare un mattoncino, coprire con la pellicola trasparente e lasciarlo in frigo per un'ora.

salt and pepper to taste
grated Parmesan
fresh basil
olive oil

Fry zucchini in olive oil and drain on paper towels. Fry pancetta until crisp, add tomatoes and cook until just tender. Meanwhile, cook the penne, drain, reserving 1 cup of pasta water. Add pasta and zucchini to pan with pancetta and tomatoes and cook a few minutes to make a sauce. Season with salt and pepper and top with fresh basil and cheese.

Dolce Casa Nonna
Bruna Cortese, Lipari

4 cups plus 4 tablespoons flour
2 ¼ cups sugar
8–10 eggs
pinch of salt
grated peel from 2 lemons
additional flour and sugar for baking

Mix all ingredients well and make a long biscuit, about 4 inches long. Pinch the ends and middle with fingers. Sprinkle with additional flour and sugar and bake on a tray for 15 minutes at 350 º F.

Chaicchiere al Chioccolato
Angelina Reitano, Lipari

2 tablespoons sugar
2 eggs
3 ½ tablespoons butter
3 ½ tablespoons anise
4–6 ounces white wine

Tagliarlo a pezzettini. Stendere la pasta in strisce molto sottili. Con una rotella tagliare a rettangoli. Far riscaldare olio abbondante in una padella grande. Quando sarà caldo friggere i rettangoli facendoli cuocere su entrambi i lati - 4-5 minuti in tutto. Asciugare su carta da cucina. Sciogliere il cioccolato a bagnomaria, poi versarlo sulle chiacchiere. Fare indurire il cioccolato.

2 cups flour
½ packet yeast
vegetable oil
8 ounces dark chocolate

Mix everything together on a pastry board. Form a brick, cover with plastic wrap, and leave to rest in the refrigerator for an hour. Cut the brick in pieces. Roll out the dough to the maximum width. Roll the opposite way to make strips very thin. With a serrated wheel cut into rectangles and in each rectangle put a cut. Put a few inches of oil into a large frying pan. When oil becomes hot drop the rectangles in the pan and allow to cook on both sides, about 4–5 minutes per side. Remove with a strainer. Dry on paper towels. Melt the chocolate in a double boiler. Pour chocolate over dough. Arrange on a plate and allow chocolate to cool and harden.

12. La chiusura del cerchio

Il tempo è il nostro compagno di viaggio. Ci ricorda di celebrare ogni momento, perché non tornerà mai più. Quello che ci lasciamo alle spalle è importante quanto come abbiamo vissuto.
~Capitano Jean-Luc Picard

Da molto tempo ormai, Oswego è fiera della sua popolazione italiana. Ma mentre il legame tra le Isole Eolie e coloro che emigrarono in Australia e Argentina nel secondo dopoguerra è ancora molto forte, molti dei nipoti e dei pronipoti di chi arrivò a Oswego nei primi anni del ventesimo secolo, oltre cent'anni fa, non conoscono le loro radici e non sanno nemmeno dove cercarle. Tuttavia, molti di noi italiani di Oswego o di piccoli centri come Cortland e Norwhich, stiamo imparando ad apprezzare la storia dei nostri antenati e ciò che ci hanno lasciato in eredità. Ricordiamo il cibo mangiato nelle enormi riunioni di famiglia, le tarantelle ballate alle feste di matrimonio quando i nostri nonni intonavano canti della loro terra come "O sole mio". Nelle foto di matrimonio in bianco e nero conservati nei nostri album di famiglia, i nonni erano ritratti seri e impalati, neanche un sorriso in quel giorno felice!

12. Coming Full Circle

Time is a companion that goes with us on a journey. It reminds us to cherish each moment, because it will never come again. What we leave behind is not as important as how we have lived.
⁓Captain Jean-Luc Picard (character from *Star Trek: The Next Generation*)

Oswego has long been proud of its Italian population. But while there is still a close bond between the Aeolian Islands and those who emigrated to Australia and Argentina after WWII, many of the grandchildren and great-grandchildren of those who came to Oswego at the turn of the 20th century—over 120 years ago—have lost track of their roots and don't even know where to look. But some of us from Oswego, along with other little towns like Cortland and Norwich, are reviving an interest in the story of our ancestors and are learning to understand and appreciate the legacy they left to us. We remember the many helpings of food prepared at big family gatherings. Old black paper photo albums displayed black and white wedding photos of our grandparents standing ramrod straight, without a trace of a smile on this most happy day.

Accompagnavamo i nonni nei loro orti, dove mangiavamo i piselli freschi dai loro baccelli o le dolci e succose fragole di Oswego. Per i funerali si organizzavano veglie nei salotti illuminati da una luce fioca: le sedie della cucina venivano sistemate lungo i muri in attesa di famigliari vestiti a lutto, che stavano lì seduti per ore, a volte per tutta la notte. Gli uomini indossavano il vestito più buono, le donne il nero dalla testa ai piedi, il rosario stretto in una mano. Tra le preghiere e i singhiozzi si trovava il tempo di spettegolare un pochino. In queste stesse stanze, le nostre zie organizzavano anche feste di matrimonio e per la nascita dei figli.

La chiesa di St. Joseph era il centro di molte attività. Le feste dei santi e le serate del bingo offrivano ai parrocchiani un modo per socializzare. Le novene e le prove del coro, il basket e le fiere aiutavano la comunità italiana ad essere più unita. Per il bazar della chiesa gustavamo panini salsiccia, peperone e cipolla, pasta di pane fritta con zucchero a velo, pizza, pollo e involtini di melanzane. Le lotterie potevano farci vincere un dolce o un pesce rosso. I nomi dei nostri antenati che si sono sacrificati per la costruzione di due chiese italiane - la vecchia e la nuova St. Joseph - sono ricordati su una delle finestre. Siamo fieri della nostra cultura. Conoscevamo già la pizza e la pasta rese famose dalle canzoni di Dean Martin e Frank Sinatra. Ma noi, italiani di terza e quarta generazione, non capivamo e ancora non capiamo l'unicità della nostra cultura Eoliana. È giunto il momento di raccontare la nostra storia!

La mia personale odissea eoliana è iniziata qualche anno dopo la morte di mia madre. Credevo di sapere molto della mia famiglia italiana; adesso mi rendo conto che non ne sapevo praticamente nulla. Cresciuta nel Michigan, andavo a Oswego in estate a far visita ai fratelli di mia nonna. Ce n'erano tredici. Zio Allie aveva i denti doro e la sua espressione preferita era "what the Sam hill" - per Sam! - l'imprecazione più delicata che io abbia mai sentito. Zia Gusty parlava sempre a voce bassa, sua sorella Gladys sempre a voce alta. Zia Mary aveva degli occhietti scuri e vispi. Zia Rose era la bella di casa. Zio Joe lavorava sui

We recall dancing the tarantella at weddings and how our grandfathers sang little songs from the old county such as "*O sole mio.*" We accompanied our grandfathers to their gardens, where we ate sweet, tender peas right from the pods and picked juicy and sweet Oswego strawberries.

Wakes were held in dimly lit parlors, the kitchen chairs set up around the walls of the room waiting for the mourners to sit for hours, often through the night. The men were clad in their best suits. Women dressed head to toe in black; glass rosary beads hung from a hand. A little gossip filled in the gaps between prayers and quiet sobbing. Our aunts held wedding and baby showers in these same rooms.

St. Joseph's Church was the center of many activities. Societies honoring the saints and bingo nights allowed parishioners and families to socialize. Novenas and choir practice, basketball and bake sales all pulled the Italian community together. At the church bazaar we savored sausage, pepper, and onion sandwiches, fried bread dough with powdered sugar, pizza, chicken dinners, and eggplant sandwiches. Games of chance might yield a cake or a goldfish. Inscribed in the church's stained-glass windows are the names of our ancestors who sacrificed to build two Italian churches—the old and the new St. Joseph's. We were proud of our heritage. We knew about homemade pizza and pasta and songs made popular by Dean Martin and Frank Sinatra. But growing up, most of us in the third and fourth generations didn't understand, and still don't understand, the uniqueness and the richness of our Aeolian heritage. The time has come to tell the story!

My own Aeolian odyssey began several years after my mother's death. I thought I knew a lot about my Italian family; now I realize I didn't know much at all. Growing up in Michigan, I visited Oswego in the summers, and I met many of my grandmother's siblings. There were thirteen of them. Uncle Allie had gold teeth and his favorite expression was "what the Sam hill"—a delicate expletive if ever there was one. Aunt Gusty was soft spoken and her sister Gladys was loud. Aunt Mary had twinkling dark eyes. Aunt Rose was the beauty. Uncle Joe worked on the trains. Seven o'clock on Tuesday evenings brought any of these sib-

treni. Alle sette di sera di martedì si riunivano tutti nella cucina di mia nonna, portando anche i cugini, per mangiare dolci e bere caffè. Le conversazioni erano vivaci e rumorose. Da bambina credevo fossero arrabbiati; tutti parlavano insieme in toni sempre più accesi. Ma mia mamma mi rassicurava: non stanno litigando, sono soli italiani, è normale.

La generazione di mia mamma non c'era quasi più, e mi resi conto che la mia conoscenza della sua famiglia iniziava e finiva a Oswego. Non sapevo da che parte d'Italia venissero. Per tanto tempo non sapevo nemmeno che fossero siciliani o, più precisamente, eoliani. Avevo sentito parlare di Lipari e Quattropani, ma non sapevo dove fossero. Qualche ricerca online mi permise di contattare i miei cugini a Quattropani. La primavera seguente mio marito e io dovevamo recarci in Inghilterra. Presi la decisione di approfittarne per passare qualche giorno a Lipari. Era un piano eccitante e un po' scoraggiante. Quando mi resi conto di quanti aerei, navi, treni e taxi avrei dovuto prendere per raggiungere la mia destinazione, apprezzai ancora di più ciò che avevano dovuto fare per raggiungere l'America i miei parenti più di cent'anni prima.

Prendemmo l'aereo da Londra a Palermo, con scalo a Milano, attraversammo in treno la Sicilia fino al porto di Milazzo. Ci mettemmo alla ricerca della biglietteria degli aliscafi. Come avremmo comprato il biglietto? Era chiuso. Una signora anziana notò il nostro panico e ci spiegò, a gesti, che l'ufficio apriva poco prima della partenza.

Durante la traversata in aliscafo, durata un'ora, ero estremamente tesa. Non conoscevamo l'italiano se non per qualche parola. Leggevo e rileggevo le frasi nel vocabolario, ma non riuscivo a ricordarne nemmeno una. Come sarebbe stata la casa messa a disposizione dai miei cugini? Cosa avrebbero pensato di me? Una volta a Lipari che avremmo fatto? Non avevo il cellulare, ma anche se lo avessi avuto, non sarei riuscita a comunicare con nessuno. All'improvviso questa avventura non mi sembrava più una buona idea, ma ormai era troppo tardi!

Non avrei dovuto preoccuparmi tanto. I cugini avevano pensato a tutto. La figlia di Enrico, Gabriella, ci venne a prendere al porto in una piccolissima Fiat che a malapena riusciva a contenere noi e le nostre

lings, and also cousins, to Grandma's kitchen for coffee and cake, pie, cookies, and the always-lively bit of conversation. With my child's ears, I thought they were angry; everyone was talking at once in ever increasingly loud voices. My mother assured me they were not arguing. They were just Italian. This was normal.

With my mother's generation almost gone, I recognized my knowledge of her family started and ended in Oswego. I didn't know where in Italy they were from. For a long time, I didn't even know they were Sicilian, or specifically, Aeolian. I'd heard the names Lipari and Quattropani but didn't know the geography. Through a bit of online research, I was able to find and connect with cousins in Quattropani. The following spring my husband and I planned to go to England. We decided to take a few extra days and travel to Lipari. It was an exciting and daunting plan. When I realized all of the planes, boats, trains, and taxis the trip would require, I had a whole new appreciation for the journey my ancestors made over one hundred years earlier.

We flew from London to Milan to Palermo. A train across Sicily brought us to the port of Milazzo. We searched for the ticket office for the hydrofoil. How would we get a ticket? The doors to the office were locked. An elderly woman noticed our panic and explained, with a lot of pointing and gesturing, the office would open just before departure.

On that hour-long ride on the hydrofoil we were nervous. We didn't speak Italian other than a few basic words and phrases. I read and reread basic phrases in the guidebook, but they didn't seem to sink in. What and where was this house my cousin offered to us for our visit? What would the cousins think of me? Once we arrived at Marina Lunga in Lipari where would we go? I didn't have a phone and even if I did I couldn't actually communicate with anyone. Suddenly, this didn't seem like a good idea, but there was no turning back!

We shouldn't have worried. The cousins had it all worked out. Cousin Enrico's daughter, Gabriella, picked us up at the port in a tiny Fiat that barely held our luggage and us. She had no trouble recognizing

valige. Non ebbe problemi a riconoscere i due americani spaesati. Io la riconobbi dagli occhi. Erano gli occhi penetranti dei Reitano: gli occhi di mia madre, gli occhi dei miei zii, di mio nonno. Dopo gli abbracci, i ciao ciao e molti gesti, Gabriella ci accompagnò a casa di suo padre a Lipari. Appresi che la famiglia viveva ancora a Quattropani, su nelle colline. Questa casa al centro la affittavano ai turisti in estate, ma era Marzo e quindi pronta ad accogliere due viaggiatori esausti. Ci mostrò come funzionava tutto, ci diede del cibo per la colazione e ci disse che sarebbe ritornata presto per portarmi a casa dello zio.

Quel primo pomeriggio a Quattropani, il primo di tre giorni che avremmo passato sull'isola, fu magico. Enrico, la moglie Anna, Gabriella e Bartolo ci accolsero a braccia aperte. Avevo portato con me un album di famiglia pieno di foto dei miei nonni, i loro sei figli, e molti nipoti. Passammo ore a guardare quell'album e a parlare. Io parlavo inglese, loro italiano, ma sorprendentemente riuscivamo a capirci alla perfezione.

Quella sera e nelle sere successive cenammo con altri cugini. Gabriella e Bartolo ci portarono a fare un giro dell'isola. Visitammo chiesa vecchia a Quattropani. Gabriella aveva ottenuto la chiave del refettorio. Fotografai le placche al muro con i nomi di chi è sepolto nella cripta. Bartolo ci indicò le varie isole, insegnandomi i loro nomi. Camminammo fino alle fumarole alle terme di San Calogero. Visitai il cimitero locale, pieno di fiori e antenati. Un pomeriggio vennero in visita mia cugina Caterina e sua figlia Rossana, che grazie al cielo parlava inglese. Riuscii così ad avere risposte alle mie domande più complicate. Anna telefonò ai cugini in Australia una sera, e fu un conforto riuscire a parlare di nuovo inglese. Ma non mi sono mai sentita a disagio con queste persone. Sono la mia famiglia. Ci hanno accolto e ci hanno fatto sentire i benvenuti. Sono una estensione della mia famiglia di Oswego.

Abbiamo parlato e mangiato e parlato ancora per tre giorni. Prima di riprendere l'aliscafo per tornarmene a Londra, avevo incontrato dozzine di cugini. Tutti erano felici di conoscermi e di saperne di più di

the lost-looking Americans. I knew her by her eyes. The penetratingly dark eyes that are the Reitano eyes: the eyes of my mother, my aunts and uncles, my grandfather. After hugs and *ciao ciao* and lots of gesturing, Gabriella took us to her father's house in Lipari. I learned his family lived in Quattropani, which was up in the hillside. This townhouse was one he rented to tourists in season, but it was March and it stood empty and waiting for two exhausted travelers. We were shown the basics of housekeeping and given some food for breakfast and told she would return for us soon to take us to her father's house.

That first afternoon in Quattropani, the first of three whirlwind days on the island, was magical. Enrico, his wife, Anna, and their children Gabriella and Bartolo welcomed us. I had compiled a family scrapbook with photographs of my grandparents, their six children, and many grandchildren. We spent several hours looking at the scrapbook and talking. I spoke in English. They used Italian. Amazingly we understood one another very well.

Other cousins appeared at dinner that night and on successive nights. Gabriella and Bartolo showed us around the island. We visited the *Chiesa Vecchia* in Quattropani. Gabriella obtained a key from the rectory and we had a private look around the old church. I took photos of plaques on the wall, which listed all who were buried in the crypt. Bartolo was eager to point out the other islands and he taught me their names. We trekked to the site of fumaroles, the sulfurous steam pouring out into the air, and to the thermal springs at the *Terme di San Calegero*. I visited the local cemetery, which was filled with flowers and ancestors. On another afternoon cousin Caterina and her daughter Rossana came to visit. Mercifully, Rossana spoke English. I was able to ask and have answered more complicated questions. Anna called cousins in Australia one evening. Again, it was comforting to speak English. But I never felt uncomfortable with these people. They were my family. They took us in and made us feel welcome. They were an extension of my Oswego family.

We talked and ate, and ate and talked for three days. By the time we boarded the hydrofoil to start our trip back to London I'd met several

Oswego e della gente che lasciò le isole tanti anni fa. Sapevo di voler tornare a Lipari. La mia visita era stata troppo breve. C'era così tanto da scoprire sulle isole e su questa famiglia.

Dopo questo primo viaggio a Lipari ci sono tornata tante altre volte, portando anche i miei figli a vedere la terra dei loro antenati. Ho fatto il giro dell'isola in autobus e ho noleggiato una macchina a Salina. Ho fotografato l'intero cimitero di Quattropani, e ovviamente sono imparentata con la maggior parte di chi vi è sepolto. Abbiamo visitato Vulcano con il suo odore di zolfo e i suoi fanghi. A Lipari ho trovato una villa con il nome Famularo sulle mattonelle color lavanda sopra il cancello. Ho aggiunto Andrea Rijtano, nato a Lipari intorno al 1586, al mio albero genealogico. Ma ormai questo albero genealogico non è solo una questione di nomi e date. Adesso ho nella mia mente le immagini di sette isole meravigliose, storie che posso raccontare, foto nel mio computer, e persone care straordinariamente simpatiche e affettuose. Ho camminato lungo la stessa stradina che mio nonno percorreva oltre cent'anni fa, da ragazzo. Ho visto lo stesso panorama di Alicudi, Salina e Filicudi da chiesa vecchia che i miei antenati hanno visto per secoli. Così il cerchio si è chiuso. Il legame tra Lipari e Oswego, che la mia famiglia aveva perso poco dopo la morte di mio nonno, esiste di nuovo.

Thomasina Anne Larson
2018

dozen cousins. All were happy to meet me and learn about Oswego and the people who left their island home so many years before. I knew I wanted to return to Lipari again. The visit had been all too brief. There was so much to know about these islands and this family.

Following this initial visit, I have been lucky to travel to Lipari several more times, even bringing my children to see the land of their ancestors. I've taken the little local bus around Lipari and rented a car on Salina. I've photographed the entire cemetery in Quattropani and, not surprisingly, most of the dead are related to me. We visited Vulcano with the sulphur smell and mud baths. On Lipari, I found a villa down a quiet lane by the sea with the name Famularo set into lavender tiles above the gate. I've added Andrea Rijtano, who was born in Lipari about 1586, to my family tree. But the family tree is not just about names and dates any more. I have stunning images of beautiful islands in my mind, stories I can tell, photos on my computer, and amazingly friendly, generous, and loving people whom I care about. I have walked along the same road my grandfather walked as a boy over a hundred years ago. I have seen the same view of Alicudi, Salina, and Filicudi from *Chiesa Vecchia* my ancestors have looked at for decades. So, things have come full circle. The connection between Lipari and Oswego, which for my family had been broken shortly after my grandfather's death, has been made once again.

Thomasina Anne Larson
2018

13. Gli immigrati

La verità è che gli immigrati tendono ad essere più americani di persone nate qui.
~Chuck Palahniuk, *Choke*

Pietro Rodriquez, Salina and Maria Terzita Della Chiesa,
Salina, Nunziata, Giuseppe, 1910, Amour Studio
courtesy Justin White

13. The Immigrants

The truth is, immigrants tend to be more American than people born here.
~Chuck Palahniuk, *Choke*

Concetta Cesario, Lipari and Gaetano Reitano
courtesy of Tom and Kathy Reitano

Rosario Mirabito, Lipari
courtesy of Lois Mirabito

Giuseppina Famularo di Bartolo and Bartolo Reitano,
Lipari 1914

Giovanni Saltalamacchi, Lipari
courtesy of Anita Baker

*Nunziata Natoli Saltalamacchia, Lipari and Theresa Salta-
lamacchia Miuccio, Lipari
courtesy of Anita Baker*

Gaetano Tesoriero, Salina
courtesy of Rob Tesoriero

Bartolo Famularo, Lipari

Immigration record from Messina to Canada 1884

Rosina Zaia, Lipari and Giuseppe Bontomase, Lipari abt 1903
courtesy of Frederick Kacprzynski

Catherina Paeno, Lipari, and Tomaso Cosomento, Lipari
courtesy of Ceil Bell

Dominic Biancavilla, Stromboli

Acknowledgements

I wasn't sure I could write this testimony to the courageous Aeolians, who left their little islands of sun and natural beauty, and traveled across the ocean to a small, and often cold, American city. But I was encouraged by my family and helped by cousins, friends, and strangers to make the attempt. Here I would like to thank those who shared photos, memories, and facts, which made my writing so much easier. Thank you!

Rachel Anderson—for encouragement, listening, and editing

Anita Baker—photos of Theresa Saltalamacchia and Giovanni Saltalamacchia and this memory: "Angelo was my father's uncle. The only thing I remember about him is that he lived on the east side of town down near the lake. He walked by our home often (maybe every day). Sometimes he would stop in to talk with my father. We always called him Zio. I always thought that was his name and did not know until later in life that meant uncle. In my memory, it seems that he always wore a trench coat and hat. His sister, Teresa Saltalamacchia Miuccio was my grandmother. I have many more memories of her. I do have some pictures on my tree of Nancy as a young woman, but none of Angelo."

Ceil Bell—photo of Thomas Cosemento and Catherine Paeno family

Bruna Cortese, Angelena Reitano, Anna Cannistra—a few Aeolian recipes

Frederick Kacprzynski—photos of the shoe store and photo and information about Giuseppe Bontomase and Rosina Zaia

Art McManus—photo of the Cortese Beauty shop, and downtown Oswego

Lois K. Mirabito—Mirabito photo

Laura Landry Munski and husband—for finding San Bartolomeo, sprucing him up, and sharing information about St. Joseph's Parish

Lady from Norwich—I can't remember your name but thank you for the photo of San Bartolomeo coming out of St. Joseph's Church. It is a treasure.

Nino Paino—for encouraging me to write this story

Carolyn Reitano—for bits and pieces of information and Tesoriero Bakery and old St. Joseph's Church photos

Joe Russo—For invaluable tidbits of Aeolian information

St. Joseph's Church (Laura Landry)—permission to use photos from the parish yearbook

Enrico Reitano, Anna Cannistra, Gabriella and Bartolo, and Katerina and Rossana Manfre—for showing me your beautiful islands and sharing family stories

Brian Tesoriero—for memories of Oswego businesses

Rob Tesoriero—photo of Gaetano Tesoriero

Justin White—for help with the names and dates of some early immigrants, Aeolian family memories, photos of Pietro Rodriquez family and the Tripoli Band

Izzy Vosseller—photo and information about the Second Ward railroad tracks

Aeolian Immigrants to Oswego, NY

Immigrati eoliani a Oswego, NY

Immigrant & Spouse immigrate e coniuge	Birth Nascita	Immigration Immigrazione	Naturalization Naturalizzazione
Alaimo, Giuseppina Bartolomeo Natoli	1908 Lipari	1927	1944
Barbuto, Maria Grazia Vicenzo Famularo	1896 Salina	1906	
Barnao, Concetta Onofrio Toscano	1887 Stromboli	1914	1940
Barnao, Concetta Antonino Rando	1870 Stromboli		
Barnao, Jennie Giuseppe Rando	1904 Stromboli	1943	Natualized
Barnao, Pietro	1890 Stromboli	1908	
Barnao, Salvatore	1887 Stromboli	1905	1925
Barnao, Vincent	Stromboli	1914	

Immigrant & Spouse immigrate e coniuge	Birth Nascita	Immigration Immigrazione	Naturalization Naturalizzazione
Basile, Angelina Giuseppe Benenati	1878 Lipari	1912	
Benenati, Giuseppi Angelina Basile	1874 Lipari	1902	1920
Benenati, Nunziata Bartolo Natoli	1886 Lipari	1912	1918
Benenati, Rosina Salvatore Cortese	1889	1907	1913
Benenati, Pietro Mary Merlino	1889 Lipari	1907	1931
Benenati, Salvatore	1882		
Biancavilla, Bartolo Maria Grazia D'Stefano	1890	1902	1921
Biancavilla, Domenico Angelina	1903 Stromboli	1912	1927
Biancavilla, Domenico Maria Muleta	1855 Stromboli	1911	
Biancavilla, Giuseppe Maria Rosa?	1891 Stromboli	1901	1920
Biancavilla, Josephine Gaetano Tesoriero	1894 Stromboli	1906	
Biviano, Giovanni	1873 Lipari	1900	
Biviano, Santoro	1871 Lipari	1896	1901
Biviano, Tommaso Nunzia Mandile	1868 Lipari	1900	
Bontomase, Giuseppe Rosina Zaia	1868 Lipari	1896	1904
Cannistra, Felice		1904	

Immigrant & Spouse immigrate e coniuge	Birth Nascita	Immigration Immigrazione	Naturalization Naturalizzazione
Cannistra, Francesca Salvatore Russo	1890 Stromboli	1912	1923
Cappadona, Angelo	1895 Stromboli	1912	Moved to NSW Australia
Cappadona, Grazia Felice Natoli	1908	1922	1929
Casamento, Gaetano Caterina Paino	1881 Lipari	1901	
Casamento, Tomaso Caterina Paeno	1889 Lipari	1900	1906
Cesario, Bartolo Catherine Natoli	1891 Lipari	1911	
Cesario, Maria Concetta Gaetano Reitano	1886 Lipari	1913	1927
Cincotta, Angelina Gaetano Mirabito	1895	1910	Naturalized
Cincotta, Angelo	1886		lived in Fulton, NY
Cincotta, Angelo Maria Mirabito	1876 Lipari	1910	1916
Cincotta, Angelo Jennie	1880 Lipari		1923
Cincotta, Annuziata	1897 Lipari	1914	1920
Cincotta, Antonio Concetta Cincotta	1889 Lipari	1903	1917
Cincotta, Carmela	1912 Lipari	1923	
Cincotta, Domenico	1888 Lipari	1900	
Cincotta, Eugenia Salvatore Tesoriero	1882	1926	

Immigrant & Spouse immigrate e coniuge	Birth Nascita	Immigration Immigrazione	Naturalization Naturalizzazione
Cincotta, Jane Felix Palamara	1874	1898	
Cincotta, Jennie Angelo Cincotta	1890		
Cincotta, Josephine Dominick Vadala	1923 Lipari	1923	
Cincotta, Caterina Giovanni Cincotta	1865 Salina	1884	1903
Cincotta, Concetta Mary Antonio Cincotta	1891 Lipari	1910	1917
Cincotta, Francesco	1865	d 1908	
Cincotta, Frank	1861	1885	
Cincotta, Giovanni	1864 Lipari	1885	1891
Cincotta, Giovanni	1885	1903	
Cincotta, Giovanna Felix Palamara	1873 Lipari	1898	
Cincotta, Joseph	1868 Lipari	1891	
Cincotta, Giuseppe Concetta Cincotta	1871 Lipari	1891	
Cincotta, Giuseppe	1879 Stromboli		
Cincotta, Mary Anna Francesco Zaia	1879 Lipari	1906	1910
Cincotta, Mary Concetta Giuseppe, Cincotta	1877 Lipari	1891	1900
Cincotta, Thomas	1913 Lipari	1923	

Immigrant & Spouse immigrate e coniuge	Birth Nascita	Immigration Immigrazione	Naturalization Naturalizzazione
Corso, Antonio Francesca Baretta	1851 Lipari	1891	1908
Corso/Canta, Francesco	1886 Lipari Agrentina	1889	1912
Corso, Sarah James Vincent Tesoriero	1890 Lipari	1903	1913
Corso, Theresa John Lapetino & Antonino Cincotta	1892 Lipari	1889	Naturalized
Cortese, Angelo	1884 Lipari	1901	1906
Cortese, Antonino G. Francesca Famularo	1853 Lipari	1910	Naturalized
Cortese, Antonino	1872 Lipari	1899	1906
Cortese, Antonino	1874 Lipari	1902	1906
Cortese, Antonino Vida Giarrentano	1895 Lipari	1912	Naturalized
Cortese, Felice	1879 Lipari	1904	
Cortese, Giuseppa Giuseppe Manfre	1888 Lipari	1904	Naturalized
Cortese, Giuseppe Giuseppa Famularo	1856 Lipari	1909	Naturalized
Cortese, Giuseppe Frances Falanga	1878 Lipari	1895	1903
Cortese, Rose	Lipari		
Cortese, Salvatore	1884 Lipari	1901	1913
Cosemento, Gaetano Catherine Paeno	1880 Lipari	1901	1905

Immigrant & Spouse immigrate e coniuge	Birth Nascita	Immigration Immigrazione	Naturalization Naturalizzazione
Crispi, Maria Concetta Salvatore Tesoriero	1886 Stromboli		
D'Alia, Gaetano Theresa Pulicochio	1863	1893	Natualized
D'Alia, Gaetano Nancy LaMuta/ LaMote	1896 Lipari	1912	1921
D'Alia, Giuseppe	1854 Lipari		
D'Alia, Giuseppe Agostina Famularo	1890 Lipari	1904	1914
D'Alia, Rosaria Angelo Palmisano/ Palmosono	1871 Lipari	1918	
D'Ambra, Antonino G. Nunziata Sciacchitano	1862 Lipari	1880	1906
D'Ambra, Giovanni Jennie Saltalamacchia	1865 Lipari	1882	1890
D'Ambra, John Mary Frances Palmosono	1898	1900	1906
D'Ambra, Josephine			1918
D'Ambra, Gaetano Mary	1891	1905	1919
Della Chiesa, Bartolomeo (Rodiquenzi) Angelina Zanca	1884 Salina	1900	1906
Della Chiesa, Bartolo Passmonti Mary Zanca (Regan)	1901 Salina		

Immigrant & Spouse immigrate e coniuge	Birth Nascita	Immigration Immigrazione	Naturalization Naturalizzazione
Della Chiesa, Francesco (Rodiquenzi) Maria Rosa Mirabito	1880 Salina	1905	
Della Chiesa, Giuseppe (Rodiqenzi/Regan) Anna DeFina	Salina		
Della Chiesa, Maria Catena Peter Maiuri	1889 Salina	1910	
Della Chiesa, Maria Concetta Semi Cimboli	1896 Salina		
Della Chiesa, Mary (Rodiquenzi) Giovanni Galletta	1882 Salina		
Della Chiesa, Maria Terzita Peter Rodiquenzi	1891 Salina		
Della Chiesa, Pietro (Rodiquenzi) Carolina Fraumeni	1887 Salina	1905	
DiMattina, Mariana Giovanni Narduzzo	1879 Stromboli	1911	1928
DiMattina, Salvatore Jennie Z.	1886 Stromboli	1906	Naturalized
DiPietro, Antonio	Stromboli	in Oswego in 1912	
Di Stefano, Antonino Maria Grazia DiStefano	1883 Stromboli	1909	
DiStefano, Giovannia Francesco Paino	1884 Stromboli	1910	1920

Immigrant & Spouse immigrate e coniuge	Birth Nascita	Immigration Immigrazione	Naturalization Naturalizzazione
DiStefano, Maria Grazia Antonino DiStefano	1880 Stromboli	1913	Naturalized
Falanga, Angelo Catherine Favorito	1876 Lipari	1894	1904
Falanga, Angelo	1891 Lipari	1906	
Falanga, Angelo	1885 Lipari	in Oswego in 1915	
Falanga, Angelo Martha Gentile	1874	1896	1919
Falanga, Francesca Giuseppe Cortese	1882	1904	Naturalized
Falanga, Gaetano Grazia Spano	1893 Lipari	1920	1927
Falanga, Giuseppe	1869	1908	
Falanga, Josephine Giovanni Famularo	1885 Lipari	1913	
Falanga, Rosa Giovanni Natoli	1884 Lipari	1904	1907
Famularo, Angelina Bartolo LaMuta/ LaMote	1860 Lipari	1895	1903
Famularo, Antonia Antonino Crisafulli	1878 Lipari	1895	1918
Famularo, Bartolomeo Annunziata Cosentino	1862 Lipari	1883	1891
Famularo, Francesca Antonio Giuseppe Cortese	1855	1900	Naturalized

Immigrant & Spouse immigrate e coniuge	Birth Nascita	Immigration Immigrazione	Naturalization Naturalizzazione
Famularo, Giovanni Josephine Falanga	1874 Lipari	1905	
Famularo, Giuseppe	1862 Lipari	1884	Returned to Lipari
Famularo, Nunziata Harold Wise	1900 Lipari at sea	1900	Natural born as parents citizens
Famularo, Vincenzo Maria Grazia Barbuto	1891 Stromboli	1908	
Favaloro, Francesco Catherine Zaia	1871 Lipari	1906	1914
Favaloro, Frank Mary Machio	1908 Lipari	1906	
Favaloro, Onofrio Catarina	1870 Lipari	1892	1914
Favorito, Caterina Gaetano Zaia	1873	1911	
Fortuna, Francesco	1874 Stromboli	1914	
Frizza, Vincenzo	1881 Stromboli	1906	
Fraumeni, Carolina Pietro Rodiquenzi	1889	1910	
Furnari, Giacomo Theresa Rose Tarromina	1885 Stromboli	1905	1924
Furnari, Giovanni Rose Taormina	1887	1907	Naturalized
Galletta, Antonino Francesca Russo	1889 Salina	1899	1920
Galletta, Giovanni Mary Rodiquenzi	1880 Salina	1904	1921
Galletta, Maria Rosa Felix Restuccia	1885 Salina	1899	

Immigrant & Spouse immigrate e coniuge	Birth Nascita	Immigration Immigrazione	Naturalization Naturalizzazione
Gentile, Bartolomeo Mary Kazmark	1860 Salina	1880	1896
Gentile, Nazereno	1882	1909	1934
Iacono, Katherine Howard E. Carr	1906 Lipari	1911	
Iacono, Maria Grazia Francesco Peluso	1880 Lipari	1905	Naturalized
Iacono, Pietro	Stromboli		
Giuffre, Catherina Bartolo Paino	1905 Lipari	1913	
Giuffre, Onofria Giovanni Palmesono	1896 Lipari/ Norwich	1913	Naturalized
Giuffre, Rosaria Giuseppe Chillemi	1901 Lipari	1913	
Lamacchia, Giuseppe	1876	1899	1945
LaMuta/LaMote, Bartolomeo Angelena Famularo	1865 Lipari	1890	1903
LoPiccolo, Antonino Madeline?	Stromboli		Naturalized
LoPiccolo, Giovanni Frances?	1886	1908	Naturalized
Loschiavo, Giuseppe S. Giuseppa	1893	1913	1920
Loschiavo, Mary Angelo Marturano	1890 Salina	1908	
Machio, Mary Frank Favaloro	1910 Lipari		
M, Giuseppe	1869 Lipari	1900	

Immigrant & Spouse immigrate e coniuge	Birth Nascita	Immigration Immigrazione	Naturalization Naturalizzazione
Maiuri, Antonino	1890 Lipari	1906	
Maiuri, Maria Grazia	1883 Lipari	1906	
Maiuri/Myers, Pietro Giuseppe Caterina Rodiquenzi	1881 Lipari	1906	1925
Mandile, Theresa Giuseppe Zaia			
Mandurano, Bartolo Maria Saltalamacchia	1891 Lipari	1921	1939
Manella, Nunziata Giuseppe Rodiquenzi	1845 Salina	1902	
Manfre, Angela Giovanni Saltalamacchia	Lipari		
Manfre, Antonino Grazia Natoli	1884 Lipari	1901	1906
Manfre, Giuseppe Giuseppa Cortese	1876 Lipari	1895	1901
Marturano, Angelo Mary Loschiavo	1877 Lipari	1902	1913
Marturano, Giuseppe Josephine Natoli	1881 Lipari	1909	1923
Merlino, Mary Pietro Benenati	1897	1916	
Mirabito, Angelo B.			
Mirabito, Gaetano Angelina Cincotta	1894	1897	1902
Mirabito, Maria Francesco Della Chiesa/ Rodiquenzi	1878		

Immigrant & Spouse immigrate e coniuge	Birth Nascita	Immigration Immigrazione	Naturalization Naturalizzazione
Mirabito, Angelina Marcello Trionfero	1888 Salina	1911	
Mirabito, Giuseppe	1883	1910	
Mirabito, Rosario Frances Anna Zaia	1898 Lipari	1915	1923
Muleta, Maria Domenico Biancavilla	1865 Lipari	1913	
Narduzzo, Giovanni Marianna DiMattina	1884 Lipari	1909	1928
Narduzzo, Joseph	1906 Stromboli	1911	1936
Natoli, Angelina Anthony Aquino	1896 Lipari		
Natoli, Angelo Angelena D'Ambra	1903 Lipari	1921	1930
Natoli, Anthony	1890 Lipari		
Natoli, Anthony Annetta Reitano	1934 Lipari		Naturalized
Natoli, Bartolomeo Maria Sciaccitano			
Natoli, Bartolomeo Marianna Spano	1882 Lipari	1901	
Natoli, Bartolomeo Giuseppa Alaimo	1898 Stromboli	1922	1929
Natoli, Bartolomeo Nunziata Benenati	1888 Lipari	1912	1918
Natoli, Bartolomeo Giuseppe Jennie Scandura	1898	1922	1929
Natoli, Felice Grazia Cappadona	1894 Lipari	1921	1929

Immigrant & Spouse immigrate e coniuge	Birth Nascita	Immigration Immigrazione	Naturalization Naturalizzazione
Natoli, Felix S.	1934 Lipari		Naturalized
Natoli, Giovanna Dominik Arcadi	1888 Lipari	1913	
Natoli, Giovanni Rosa Falanga	1881	1904	1907
Natoli, Giuseppe Frances M. Ingam	1892 Lipari	1923	1929
Natoli, Giuseppe Giuseppina Saltalamacchia	1894 Lipari	1910	1944
Natoli, Giuseppe Rosa	1884	1898	
Natoli, Maria Grazia Antonino Manfre	1881	1909	
Natoli, Josephine Giovanni Saltalamacchia	1882 Stromboli		
Natoli, Josephine Giuseppe Marturano	1889 Lipari	1923	1944
Natoli, Maria Catena Francesco Reitano	1911 Lipari	1963	Naturalized
Natoli, Maria Grazia Santo Muscalino	1899	1921	1946
Natoli, Philip Eva Paeno	1900	1921	Naturalized
Natoli, Rosaria Francesco Zaia	1886		
Paino, Angelo	1885	1904	1945
Paino, Antonino Rosa Giaquinto	1896	1911	
Paeno, Catherina Tomaso Casamento	1892 Lipari	1905	Naturalized

Immigrant & Spouse immigrate e coniuge	Birth Nascita	Immigration Immigrazione	Naturalization Naturalizzazione
Paino, Concetta	1892 Stromboli	1911	
Paino, Francesco Giovanna DiStefano	1890 Stromboli	1920	
Paino, Giovanni	1891	1901	1920
Paino, Joseph Maria Palamara	1872 Lipari	1895	1902
Paino, Rosario Giuseppe Tesoriero	1881 Stromboli	1909	
Paino, Titta Rosaria Tizio	1891 Lipari	1903	
Paino, Vincenzo	1881 Stromboli	1911	
Palamara, Angelo Maria Francesca Russo	1881 Lipari		
Palamara, Anna Angelo Peluso	1872 Lipari	1899	
Palamara, Annunziata Antonino Cincotta	1849 Lipari	1909	
Palamara/Palmer, Felice Giovanna Cincotta	1874 Lipari	1891	1897
Palamara, Maria Joseph Paino	1876 Lipari	1902	
Palamara, Nancy Anthony Conzone	1907 Lipari	1907	1908
Palmisano, Angelo Rosaria D'Alia	1863 Lipari	1901	
Palmisano, Giovanna	1906 Lipari	1914	

Immigrant & Spouse immigrate e coniuge	Birth Nascita	Immigration Immigrazione	Naturalization Naturalizzazione
Palmisano, Giovanni Nofrio Jiuffre	1890 Lipari	1905	1923
Palmisano, Mary Frances John D'Ambra	1899 Lipari	1914	1915
Palmisano, Rosa	1866 Lipari	1914	
Panettiere, Antonino	1892 Stromboli	1910	
Panettiere, Giuseppe	1895 Stromboli	1906	
Panettiere, Maria Domenico Tesoriero	1906 Stromboli		
Panettiere, Orsolina Vincent Tesoriero	1889 Stromboli		
Panettiere, Salvatore Marianna			
Panettiere, Vincenzo	1887 Stromboli	1901	1910
Pasquale, Gaetano Mary Louise Gentile	1889 Salina	1902	1926
Peluso, Angelo Anna Palamara	1877 Lipari	1893	1899
Peluso, Francesco Maria Grazia Iacono	1875 Lipari	1900	1908
Picone, Santoro Angelina Rando	1891 Lipari	1907	1915
Pittorino, Ferdinando	1890 Salina	1910	in Oneida County
Rando, Angelina Santoro Picone	1893 Stromboli	1907	1915
Rando, Antonio Concetta Barnao	1860 Stromboli	1909	

Immigrant & Spouse immigrate e coniuge	Birth Nascita	Immigration Immigrazione	Naturalization Naturalizzazione
Rando, Bartolo Bessie Sereno	1897 Stromboli	1909	1919
Rando, Giuseppe Jennie Barnao	1884 Stromboli	1906	1919
Rando, Joseph	1896 Stromboli	1906	1919
Ravesi, Anna	1904 Salina	1913	
Ravesi/Ravas, Bartolomeo Caterina Rodiquenzi	1879 Salina	1902	
Ravesi, Gaetano Mary Caputo	1876 Salina	1912	
Ravesi, Gaetano	1906 Salina	1913	
Ravesi, Giovanni	1902 Salina	1913	1927
Reitano, Annetta Anthony Natoli	Lipari	1955	Naturalized
Reitano, Bartolomeo Gaetano Giuseppina Famularo	1889 Lipari	1905	1938
Reitano, Bartolomeo Roberta Saylor	1932 Lipari	1953	Naturalized
Reitano, Felice Carolyn Tesoriero	Lipari	1958	Natualized
Reitano, Francesco Maria Catena Natoli	1894 Lipari	1920	1927
Reitano, Gaetano Maria Concetta Cesario	1886 Lipari	1911	1927
Reitano, Giovanni Marianna	1884 Lipari		1920

Immigrant & Spouse immigrate e coniuge	Birth Nascita	Immigration Immigrazione	Naturalization Naturalizzazione
Reitano, Maria Richard Zinter	Lipari	1963	Natualized
Restuccia, Felix Maria Rosa Galletta	1879 Lipari	1902	
Ristuccia, Giacomo Theresa Zagame	1876 Lipari	1902	
Ristuccia, Michele Nancy Butta	1891 Lipari	1913	
Rodriquez, Carmelo Annetta Vergona	1884 Salina	1901	1946
Rodriquez, Catherine Bartolo Ravesi/Ravas	1885 Salina	1902	
Rodiquenzi/Regan, Giuseppe Nunziata Manella			
Rodiquenzi, Peter Maria Terzita Della Chiesa/Rodiquenzi	1882 Salina	1900	1915
Russo, Catherine	1908	1916	
Russo, Frances Frank Russo	1885	1916	
Russo, Charles Anna	1884	1900	
Russo, Francesca Antonino Galletta	1889 Lipari	1909	1920
Russo, Gaetano	1907		
Russo, Gaetano	1890	1910	
Russo, Giovanni Francesca	1883	1904	1905
Russo, George			

Immigrant & Spouse immigrate e coniuge	Birth Nascita	Immigration Immigrazione	Naturalization Naturalizzazione
Russo, Josephine Giovanni Saltalamacchia	1894	1911	1932
Russo, Maria Francesca Angelo Palamara	1889 Stromboli		
Russo, Maria	1907	1909	
Russo, Maria	1910		
Russo, Nancy	1900		
Russo, Salvatore Francesca Cannistra	1887 Lipari	1911	1923
Russo, Salvatore	1898	1903	
Saltalamacchia, Angelo Nancy Natoli	1903	1921	1928
Saltalamacchia, Giovanni Angela Manfre/Maria Favaloro	1890 Salina	1906	1949
Saltalamacchia, Giuseppe	1898 Lipari		1951
Saltalamacchia, Giuseppina Antonio Russo/ Giuseppe Natoli	1908 Lipari		1944
Saltalamacchia, Jennie Giovanni D'Ambra	1891 Lipari	1906	1906
Saltalamacchia, Maria Grazia	1869 Lipari	1903	
Saltalamacchia, Maria Bartolo Mandurano	1892	1914	

Immigrant & Spouse immigrate e coniuge	Birth Nascita	Immigration Immigrazione	Naturalization Naturalizzazione
Saltalamacchia, Teresa Dominic Miuccio	1895 Lipari		
Schibeci, Giovanni Marianna Zagame	1889 Salina	1913	1925
Spano, Angelo J. Anna Marturano	1904 Lipari	1921	1927
Spano, Grazia Gaetano Falanga	1891 Lipari	1919	1944
Stancampiano, Giacinto	1888 Lipari	1906	1914
Stancampiano, Pietro Marianna Zaia	1895 Lipari	1912	1924
Tesoriero, Gaetano	1880 Salina		
Tesoriero, Gaetano Josephine Biancavilla	1891 Stromboli	1908	1922
Tesoriero, Giuseppe Rosa Paino	1880 Stromboli	1909	1926
Teoriero, Salvatore Eugenia Cincotta	1886 Stromboli	1909	1925
Tesoriero, Salvatore Maria Concetta Crispi	1887	1907	
Tesoriero, Vincent Ursuala Panettieri	1884 Stromboli	1900	1912
Tesoriero, James Vincent Sarah Corso	1886 Stromboli	1901	1913
Tizio, Felicia Antonino Alaimo	1879 Stromboli	1927	
Toscano, Camela Carmelo Toscano	1888		1905

Immigrant & Spouse immigrate e coniuge	Birth Nascita	Immigration Immigrazione	Naturalization Naturalizzazione
Toscano, Carmelo Carmela Toscano	1886	1910	1919
Toscano, Onofrio Concetta Barnao	1875 Stromboli	1909	1932
Toscano, Vincenzo Angelena Toscano	1909 Stromboli	1914	Naturalized
Vergona, Giuseppe Catherine Tesoriero	1898 Lipari	1920	1929
Vico, Giovanni	1881 Lipari	1904	1919 moved to Cortland
Yacono, Francesco Maria Grazia	1883 Stromboli	1898	1905
Yacono, Maria Grazia Francesco Yacono	1890 Stromboli	1908	Naturalized
Yacono, Vincent Grace?	1908 Stromboli	1908	Naturalized
Zaia, Catherine Francesco Favaloro	1873 Lipari		
Zaia, Francesco Mary Anna Cincotta/ Rosaria Natoli	1885 Lipari	1901	1906
Zaia, Giuseppe Rosa Zaia	1870	1892	1897
Zaia, Marianna Pietro Stancampiano	1900 Lipari	1900	Naturalized
Zaia, Rosalia Giuseppe Zaia	1873 Lipari	1891	1897
Zaia, Rosaria	1886	1907	
Zaia, Rosina Giuseppe Bontomase	1884 Lipari	1903	
Zagame, Antonino	1884 Lipari	1904	1913

Immigrant & Spouse immigrate e coniuge	Birth Nascita	Immigration Immigrazione	Naturalization Naturalizzazione
Zagame, Marianna Giovanni Schibeci			1945
Zagame, Theresa Giovanni Restuccia	Lipari		
Zanca, Angelina Bartolomeo Della Chiesa/Rodiquenzi/ aka George Regan	1887 Salina	1905	
Ziino, Angelo Caterina?	1892 Lipari	1905	1916
Ziino, Antonino Anna M. Gentile	1890 Lipari	1908	1930
Ziino, Grazia			
Zino, Frank Rosa Messina	1878 Lipari	1903	1932
Zino, Manuel Lillian/Evelyn	1892 Salina		

*Every attempt was made to get the names of immigrants and dates accurate

**Some dates may be approximate, as they were reported differently in various records

***A small number of immigrants left Oswego for other cities or countries

****Wives were often given naturalization status along with their husbands

34386309R00166

Made in the USA
Middletown, DE
25 January 2019